SMART GUIDE

泰国 轻松游

德国梅尔杜蒙公司　编著

黄瑶　周芳芳　译

北京出版集团公司

北 京 出 版 社

图书在版编目（CIP）数据

泰国轻松游 / 德国梅尔杜蒙公司编著；黄瑶，周芳芳译. —北京：北京出版社，2016.8

书名原文：Thailand

ISBN 978-7-200-12250-3

Ⅰ. ①泰… Ⅱ. ①德… ②黄… ③周… Ⅲ. ①旅游指南—泰国 Ⅳ. ①K933.69

中国版本图书馆 CIP 数据核字（2016）第 142471 号

北京市版权局著作权合同登记号：01-2015-4699

审图号：GS（2015）1707 号

泰国轻松游

TAIGUO QINGSONG YOU

德国梅尔杜蒙公司　编著

黄瑶　周芳芳　译

*

北京出版集团公司
北京出版社　出版

（北京北三环中路 6 号）

邮政编码：100120

网　址：www.bph.com.cn

北京出版集团公司总发行

新华书店经销

北京天颖印刷有限公司印刷

*

889 毫米 ×1194 毫米　32 开本　7.75 印张　270 千字

2016 年 8 月第 1 版　2016 年 8 月第 1 次印刷

ISBN 978-7-200-12250-3

定价：49.00 元

质量监督电话：010-58572393

不同颜色代表不同区域

热门景点图

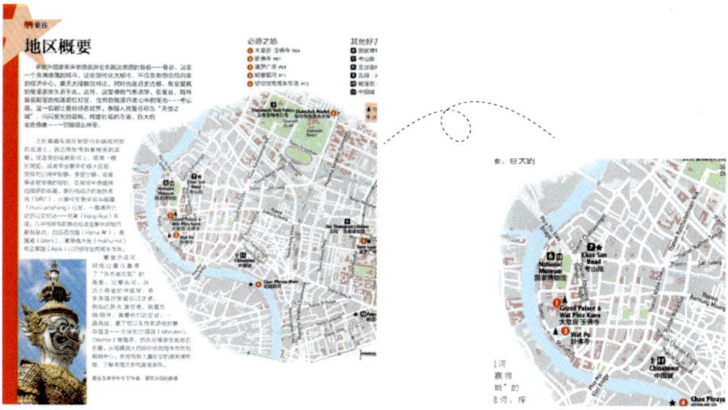

宿食购娱

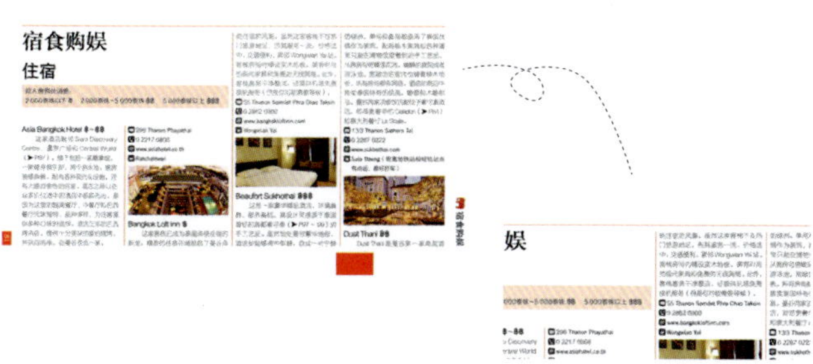

行程推荐

徒步（自驾）路线推荐

实用信息

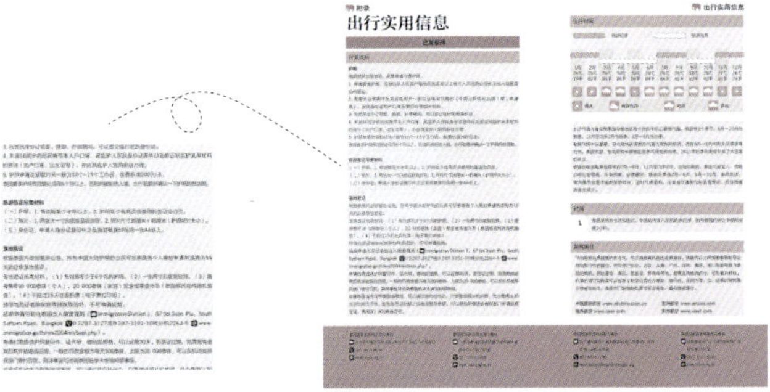

泰国地区和TOP20
TOP 20
曼谷
P57～88
中部
P89～114
北部
P115～144
东海岸
P145～164
泰国湾沿岸
P165～194
安达曼海沿岸
P195～224
0 100 200 km
0 50 100 mi
LAOS
VIETNAM
CAMBODIA
MYANMAR
MALAYSIA
徒步旅行、探险之旅（P123）
Chiang Rai
清莱
世外桃源般的雾之城（P125）
Mae Hong Son
夜丰颂
Phayao
Nan
Chiang Mai
清迈
凉爽宜人、氛围高雅的休闲地（P120）
Lampang
南邦
Mae Sariang
Phrae
最古老的都城，如今一派新气象（P97）
Sukhothai
素可泰
Phitsanulok
彭世洛
Mae Sot
湄索
Kamphaeng Phet
甘烹碧
Phetchabun
碧差汶
Khon Kaen
孔敬
Umphang
瘟朋县
Nakhon Sawan
Ubon Ratchathani
Sangkhlaburi
桑卡拉武里
Nakhon Ratchasima (Korat)
世界文化遗产古城（P94）
Ayutthaya
大城
Khao Yai National Park
考艾国家公园
泰国第一个也是距曼谷最近的国家公园（P160）
自然历史交融的小镇（P100）
Kanchanaburi
北碧镇
Bangkok
曼谷
Grand Palace & Wat Phra Kaeo
活色生香的繁华大都市（P57）
Ratchaburi
Chao Phraya
Chon Buri
春武里
气候宜人的旅游不夜城（P151）
观赏寺庙的绝佳地点（P180）
Phetchaburi
碧武里
Phatthaya
芭堤雅
拥有白沙滩的迷你海岛（P156）
尖竹汶
Chanhtaburi
建有王室行宫的海滨度假胜地（P176）
Hua Hin
华欣
Ko Samet
沙美岛
Trat
达叻
Khao Sam Roi Yot National Park
三百峰国家公园
遍布瀑布、飞鸟和小溪的如画风景（P153）
Ko Chang
象岛
Prachuap Khiri Khan
泰国第一个海岸自然公园（P178）
Chumhpon
春蓬府
Ko Tao
龟岛（阁道岛）
享誉全球的度假胜地（P171）
Ko Phangan
帕岸岛（阁帕岸岛）
Kapoe
Ko Samui
苏梅岛（阁沙梅岛）
素叻他尼
Surat Thani
Khanom
卡农
独特的自然景观（P210）
Khao Sok National Park
考索国家公园
大自然的馈赠——原始丛林（P208）
Khao Lak
蔻立
Nakhon Si Thammarat
洛坤府
Ao Phangnga
攀牙湾
Krabi
甲米
攀岩、潜水胜地（P203）
Ko Phuket 普吉岛
泰国最大的岛屿——安达曼海之珠（P201）
Trang
董里
Phattalung
博他仑府
Ko Lanta
阁兰达岛
Ko Phi Phi 皮皮岛
Hat Yai
合艾
Pattani
北大年
Ko Terutao
阁德鲁道岛
Satun
Narathiwat
畅游碧波，潜游海底世界（P206）

TOP 20

曼谷

1 作为亚洲最佳旅游地之一，曼谷是一座活色生香的城市。这里既是购物狂欢的天堂，也是佛教圣地。既有世界上最大的市场，也有彰显皇家荣耀的大皇宫。号称“河中之王”的昭披耶河穿过曼谷市区，为曼谷赢得了“东方威尼斯”的美誉。在这里，你可以尽享美食，也可以在放松之余学习烹饪和按摩。（➤P57）

1

普吉岛

2 它是泰国最大的岛屿，也是全球最美的10个岛屿之一，辽阔美丽的沙滩，碧绿的海水，丰富多彩的水上运动，为它赢得了“安达曼海之珠”的美誉。（➤P201）

2

清迈

3 清迈位于泰国北部，是泰国第二大城市，也是历史悠久的文化古城。这里风景秀丽，气候宜人，是著名的避暑胜地，也是休闲放松的好去处。（➤P120）

苏梅岛

4 苏梅岛是泰国的第三大岛，周围有80多个大大小小的岛屿，多数无人居住。这里有优美迷人的白沙滩，还有著名的满月派对。（➤P171）

3

4

芭堤雅

5 芭堤雅风光旖旎，气候宜人，以丰富的娱乐活动和最负盛名的人妖表演吸引着来自世界各地的游客。每到夜晚，这座不夜城灯火通明，分外热闹。（➤P151）

5

6

华欣

6这里是泰国最传统的海滨度假胜地，泰国王室的避暑行宫就建在华欣。这里碧海白沙，高尔夫球运动和温泉吸引国内外游客慕名而来。（➤P176）

甲米

7甲米沙滩洁白，棕榈遍布，瀑布潺潺，间或有野生动物悠然而过，宁静而又惬意。这里独特的喀斯特岩石从翠绿色的海水中陡然升起，千姿百态，别有趣致，也使甲米成为攀岩爱好者的天堂。（➤P203）

7

8

大城

8 大城是有着悠久历史的文化古城，曾是亚洲最大的城市，也曾是王朝400多年的首都，入选联合国教科文组织《世界遗产名录》。（➤P94）

素可泰

9 “素可泰”意为“快乐的开始”，它是泰国最古老的都城，也是泰国文化的发源地，曾有百座佛寺、佛塔，千尊佛像，以及各种古迹。可以说是泰国历史文化的瑰宝。（➤P97）

9

10

沙美岛

10 这座迷你海岛上布满黄里透白的细沙，岸边是椰子树、棕榈树等构成的热带丛林，漫步其中，欣赏日落，别有一番韵味。（➤P156）

11

象岛

11 这里丛林密布，瀑布飞溅，鸟儿欢叫。零星几个小渔村坐落其中，一望无际的白沙滩让人心旷神怡。（➤P153）

皮皮岛

12 这是一个受上天眷顾的岛屿，洁白柔软的沙滩，清澈碧绿的海水，天然的洞穴以及独特的自然风貌，使它成为游客趋之若鹜的度假胜地。（➤P206）

12

13

清莱

13 清莱府位于泰国北部，是徒步旅行和探险的好地方。这里有一座玉佛寺，也是最早发现玉佛的寺庙。此外，当地的手工艺品店、山地部落博物馆和夜市也是不错的去处。（➤P123）

考索国家公园

14 考索国家公园的热带雨林历史悠久，动、植物物种丰富，还有不少珍稀物种生活在深山隐秘处。石灰岩峭壁随处可见，还有优美的山水湖区，景色宜人。公园组织有丛林探险活动，供游客亲身探访雨林世界。（➤P208）

14

北碧镇

15 这里山峦起伏，丛林茂密，遍布瀑布，也有很多国家公园。除了原始自然的风景外，还有战争遗迹，其中最为知名的就是吸引无数游客前来的桂河大桥。（➤P100）

15

三百峰国家公园

16 泰国第一个海岸自然公园，园内遍布沼泽、丛林以及石灰岩山峰，也是各种飞禽的栖息地。在这里，你既可以徒步旅行，也可以自驾畅游，来欣赏这片独特的自然风光。（➤P178）

16

17

夜丰颂

17 夜丰颂是一座充满诗情画意的“雾之城”，终年云雾笼罩。这里相对偏远，漫山密林中居住着山地部落。环山公路沿途风景如画，自驾可以饱览到极致美景。（➤P125）

碧武里

18 碧武里兴起于11世纪，曾被高棉人统治。如今，这里经济飞速发展，沙滩长而直，海边遍布商店、餐厅，海天一色的美景让人流连忘返。这里面积不大，最出名的是几座寺庙，可以作为旅途的休息站。（➤P180）

18

考艾国家公园

19 它是泰国第一座国家公园，距离曼谷约120千米，入选了联合国教科文组织《世界遗产名录》。在这里，你可以尽情享受无与伦比的大自然美景，感受神奇的动物世界。（➤P160）

攀牙湾

20 攀牙湾以其天然奇景而闻名遐迩。其石灰岩山峰耸峙，怪石嶙峋，海水碧绿如玉，风光雄浑壮丽。乘船穿梭于奇形怪状的岛林中，或者探索钟乳石洞，感受造物之神奇。（➤P210）

目 录

TAXI

泰国印象

到泰国旅游，什么样的假期最让人难忘——在沙滩上享受日光浴？疯狂购物？当然不是！一段真正的旅行始于你对泰国的深入了解——是什么让这里成为吸引全球游客纷至沓来的旅游度假胜地？本书将从社会、文化和自然环境等方面，带领大家全方位领略这个迷人国度的独特魅力。

博主游记

资深旅游达人 yousick

对泰国的印象，最初形成于港台电影，总是感觉那里充斥着毒品、色情、人妖、黑帮、犯罪。可真的到了那里，才发现泰国文明有序、干净整洁，人们谦和友善、温良恭俭。

与我同行的英国女孩也是第一次来曼谷，我们没有找到从机场直接到考山路的大巴，就坐shuttle bus去了公交车站。因为先入为主的泰国印象，我在考虑要不要去询问处咨询的时候，英国女孩已经走过去问了。工作人员不但详细解答，还给了我们一张写有乘车信息的卡片。

在我们坐第二辆公交车时，我刚上车，一个曼谷女孩看到我背着大包、提着小包，就让座给我，第一次遇到女的给男的让座，我很惊讶，不好意思坐，婉言谢绝。后来担心坐过站，就问周围的人，他们说不用担心，到了叫我们。

在曼谷，有一次正要横穿马路，走得匆忙没有看见右边过来的轿车，司机一个急刹车，我觉得有些抱歉，于是就停下了让轿车先走，可是轿车不动。我在想是不是司机很不爽，要下来骂我一顿。司机摇下车窗，冲我微笑摆手，示意让我先走。我惊愕后突然明白，本来我停下来是让他先走的，他停下来却是为了示意让我先走。这跟国内的人让车是不同的。这种情况后来遇到过很多次，汽车在路口会主动停下来让行人先走，若行人示意让车先走，司机会再次谦让让行人先走。所以后来就形成了习惯，过马路时大致左右看一下就直接走过去了，因为我知道，两边的车都会在行人过马路时主动停下，为了避免彼此谦让，行人就选择先行，而司机也毫无怨言。

还有一次，我在河边走，由于左边的路上停了一排车，使得本来就不宽的路面只能轿车单行通过。我只顾着看旁边的店铺，没有注意到后面，等我发现时后面有辆车大概跟了我两分钟了，但一直没有鸣喇叭催我快走或者给他让路。他就这样慢慢地跟着我，等我意识到后面有车给他让路了他才开过去。看到我一脸的歉意，司机笑笑，开车走了，那意思就是没关系。

在泰国，从最繁华的商业街，到偏僻的居民区，马路边的人行道以及过街天桥等处，路边摊贩到处都是，曼谷尤甚，甚至在曼谷议会大厦门口，也有很多小摊贩。他们出售各种泰国美食和水果，会在摊位旁边放一个黑色的大塑料袋，用来装垃圾，所以很少有人乱丢垃圾，街道也很干净。有人抱怨这些流动摊贩占道经营，人走路的地方都没有了，但泰国政府的理念是：这些弱势群体的生存权比市容更重要，比市民走路的便利更重要。合法的摊位会有一个许可证，每年交100泰铢（大约20元人民币）更新即可。对于没有得到许可的摊贩，也有管理人员去查，但一般以轰走为准则。所有的路边摊贩都不用交税或管理费，因为按泰国法律，年收入2.5万泰铢以下的人不交税。

泰国的色情业是合法的。从业者不会因为自己的身份而觉得低人一等，这就是她们的工作，虽不光鲜，但绝不下作，同其他工作的人一样有尊严。

泰国的摩的也是正规经营的，司机们会穿着统一的马甲，在路边搭建的简易站点等待乘客。我只坐过一次摩的是在芭堤雅，从旅馆去火车站。

泰国是几乎全民信仰佛教的国家，有很多寺庙，行人路过时都会双手合十拜一下。僧侣在泰国的地位也很高。

泰国的皇室在民众心目中享有极高的声誉和威望，路口、商店、车站甚至市民家中都有国王的照片。你甚至不能用脚去接触或者踩踏泰国的货币，因为货币上有国王的头像。

泰国的主要火车线路大致有4条：以曼谷为起点，南部西线至合艾（也可直达马来西亚）、南部东线至北大年（不安全地带）、北部西线至清迈、北部东线至廊开。除了南部东线至北大年，其余方向的火车我都坐过，外加一次从曼谷去芭堤雅。泰国的火车虽然比较旧，但是很整洁，不管是车厢还是厕所，都很干净，厕所里也提供手纸。我坐的三等车厢硬座尚且如此干净，其他一等、二等的硬座和卧铺就更不用提了。

我一点儿也不懂泰语，但是泰语听起来很温柔，尤其是女孩子说出来，颇具淑女气质。在泰国的一个多月里，我也从来没有听到过当地人大声嚷嚷。记得在我去马来西亚大使馆的路上，路过一家医院的便利店，进去复印护照，看到几个漂亮的小护士在谈笑，那柔声细语就像是从花朵里飘出的芬芳。当时我真想得病在这医院里住上半年，呵呵。

泰国是一个非常重视着装的国家，学生整齐的校服一向给人美好的感受，女学生姣好的身材和温柔的笑容是泰国的招牌。女孩子的校服很漂亮，白色短袖，黑色裙子，配以腰带，清爽美丽。

还有曼谷便捷的水上巴士和遍地的ATM。

文明、干净是泰国给我最深刻的美好印象，再加上我从印度直接到泰国，强烈的反差，让我感觉简直就像从地狱到了天堂。

泰国是我游历过的7个国家中，让我感觉最好的一个。

泰国之最

夜幕灯光下的玉佛寺

泰国的本意是“自由之地”，在长达700多年的历史中，它是东南亚唯一没有沦为殖民地的国家。亚热带的气候，赋予了泰国独特的热带风情。天然的海滩、独特的宗教文化和历史积淀，让泰国成为全世界人心驰神往的旅游胜地。

最高的佛像

作为千佛之国，泰国有为数众多的佛像。曼谷的金佛寺里供奉着泰国最高的一尊金佛，高达4米。

观赏寺庙的最佳地点

碧武里是泰国观赏寺庙的最佳地点。在这众多的寺庙中，最值得观赏的主要有5座。游客完全可以步行游览，全程只需花费1小时左右。

最有韵味的古迹

泰国的历史瑰宝素可泰和大城府古城，被联合国教科文组织评为世界文化遗产。大城府建筑雄伟壮丽；素可泰是泰国最古老的都城，别具一番特色。

最大的海岛

普吉岛是泰国最大的海岛。这座号称“安达曼海之珠”的著名岛屿凭借岛上的美食、游艇和潜水项目成为各国游客心目中的度假胜地。

最有特色的旅行

在泰国，徒步探险，穿越丛林，进入北部山地部落的村庄，是非常受游客欢迎的旅行方式。

最适合自驾游的地方

夜丰颂干净整洁的环山路风景如画，号称“泰国屋脊”，十分适合自驾游。沿途会路过多个山区部落村庄和泰国最高的因他暖山。

最佳潜水地

泰国的龟岛外形似乌龟，是世界上最便宜也是最佳的潜水场所。

最有热带风情的美食

泰国菜以酸、辣、甜风味而独具特色。选用新鲜的食材，色彩极为鲜艳，再配上各类香料，未烹饪就已令人垂涎三尺。加上特殊的烹饪技巧，使泰国菜在世界美食中享誉盛名。泰式料理的招牌菜有冬阴功汤、椰汁鸡汤、绿咖喱鸡肉、咖喱蟹、椰香杧果饭等。

最适合攀岩的圣地

甲米岛和皮皮岛是泰国最适合攀岩的地区。其中，甲米岛沿岸陡峭的石灰崖，更是世界级的攀岩胜地。

最有名的派对

每当月圆之夜，帕岸岛的日出海滩都要举行派对，其传统是要全身涂满荧光颜料热舞狂欢，这就是誉满全球的“满月派对”。

最有特色的表演

蒂芬妮人妖秀成立于1974年，是东南亚最早的人妖歌舞表演秀。现在的知名度极高，是芭堤雅最值得去的景点之一。

最传统的节庆

在泰国，有两个全国性的节日，一个是新年，另一个是泰国特有的传统节日——水灯节。泰国人喜欢以各种理由庆祝节日，几乎每个月都有节日，最有特色的要数4月的泼水节、9月的素食节、11月的水灯节和大象嘉年华。

龟岛是泰国闻名遐迩的潜水胜地

佛教圣地

泰国人信奉神灵，这种信仰已经深入他们生活的方方面面。人们在公交车、出租车和船只上悬挂着由黄色小花做成的花环，祈求神灵保佑一路平安。而且，泰国人热衷于佩戴护身符，目的是保佑自己远离一切不幸：贫穷、洪水、台风等。此外，在泰国，几乎每一座建筑外面，都立有一根杆子，杆子上有一个微型木屋，供无家可归的灵魂居住。

精神融合与信仰

泰国人认为，万物皆有灵。他们崇敬印度教诸神，也信奉佛教。泰国现任国王普密蓬·阿杜德和之前的几位却克里王朝的国王一样，也被尊称为“拉玛”，拉玛是印度著名史诗《罗摩衍那》中的一位理想国王。在皇家庆典中，普密蓬国王经常邀请印度教婆罗门祭司主持。

信奉佛教，造就了泰国人温和的处世方式。泰国人竭力远离一切谋杀、偷窃、说谎和酗酒等不良行为，在日常生活中总是努力行善。他们认为苦难源于欲望，因此认为，通过智慧、同情和冥想，所有人都能够实现涅槃，达到觉悟的境界。

在曼谷爱侣湾凯悦大酒店（Grand Hyatt Erawan Hotel）前面，有一

佛教中，燃香是为净化空气

泰国四面佛

座著名神龛，里面供奉着印度教的四面佛。据说20世纪50年代，该酒店建设中经常出现施工问题，为了安抚亡灵，所以建造了这座神龛。此处香火极为旺盛，参拜者络绎不绝，人们相信四面佛会给自己带来好运。在曼谷希尔顿酒店附近，有一座阳具神庙，那里有很多参拜者留下的阳具，为了祈求子嗣。

快乐为本

面对信仰，泰国人严肃郑重，但他们也认为，不管做什么都应该追求快乐、愉悦。无论是在田间劳作，还是在银行工作，人们都应该快乐。正是这种处世原则，让泰国人不管处于何种境地，都能够面带微笑。泰国人同样欣赏沉着冷静的处事方法，这也使得泰国人在公众场合说话做事都非常谨慎，从不大声喧哗，很少有泰国人在大庭广众之下发脾气。在泰国人眼中，你越能控制自己，就越会得到大家的尊重。总之，泰国人的容忍度非常高——只要你着装得体，尊重他们的皇室和信仰，他们就一切都好说。

宗教和迷信

- 据说神灵就住在寺庙门口，踩到他们是很不吉利的。
- 多数泰国男人，包括僧侣，都会文身，避免恶魔缠身。
- 遇到重大事件，例如建房子或者公司开业，星象师通常会进行占卜，挑选黄道吉日。

卧佛寺内的雕饰

神祠、寺庙知多少

在泰国，佛教寺庙建筑群有3万多处，这里不仅是人们朝圣的场所，其令人惊叹的建筑风格和华美辉煌的装饰风格也吸引无数的游客蜂拥而至。在泰国，很多寺庙在当地人的生活中有着非常重要的作用。

历史上，泰国寺庙多是教育中心，尤其是在一些偏远的乡村地区。曼谷的卧佛寺（➤P67～68）就曾是泰国第一家公共教育中心，现在成为泰式传统按摩和泰药中心。泰国一些寺庙坐落在石灰岩质的悬崖峭壁间，四周热带树木环绕，例如甲米的虎窟寺（➤P205），绝对是来泰国旅游不可错过的美景。

游览寺庙注意事项

- 脱鞋和脱衣服时要轻拿轻放，男士禁止穿短裤，女士不得穿露肩衣服进入寺庙。
- 不得用手碰触佛像，禁止给佛像拍照。
- 不要脚尖冲着他人或者佛像。
- 要坐在地板上。
- 女士和僧侣不得有任何身体接触。

建筑的象征意义

泰国的寺庙建筑大多具有丰富的象征意义。例如，3层的屋顶代表了佛教的“三宝”：佛宝（圆证佛道的诸佛）、法宝（诸佛之教法）和僧宝（依诸佛教法修行的出家沙门）。头枕莲花的卧佛通常象征着美好的事物，表明佛在人们心中。在泰国，很多大型寺庙建筑上都有迦楼罗的神像（又名金翅鸟，鹰头人身，据传是主神毗湿奴的坐骑），它被视为泰国皇族的象征，代表着力量。高棉式寺庙建筑的圆形塔顶则寓意着印度之神的所在地——须弥山；高耸的佛塔象征着佛教的持久稳定。

在每个寺庙建筑群中，处于中心位置的是正殿，这里只对僧侣开放，是僧侣们打坐和举行宗教仪式的场所。正殿的四周摆放着8块大石，看起来就像8块墓碑。每块石头上都刻有和佛教相关的场景。据传正殿是建立在坟场之上的，因此需要用这些圣石来守卫。

遗迹遗物

佛堂看起来和正殿非常相似，也供奉佛像，不仅是礼堂，也是佛教徒朝圣和游人参观的场所。大一点的寺庙可能不止一间佛堂。泰国佛教寺庙中，最主要的建筑是圆锥形的佛塔，佛祖舍利就供奉在里面，有些佛塔也供奉皇亲贵族的遗骨和遗物。寺庙中必不可少的，还有存放佛像雕刻的藏经院以及存放佛教典籍的藏经阁。另外，在寺庙中，你还可以

卧佛寺内的佛陀像

郑王庙（Wat Arun）内的长髯公雕像

看到很多露天的亭子，这是布道和聚会的场所。

佛陀像

在泰国，和佛陀有关的一切随处可见，但它们往往是为了阐述佛教教义，而不是代表某个具体的佛。

泰国东北部黎逸府Wat Neua寺庙内的石龟

佛陀像最常见的姿势有4种。到现在为止，最常见的是坐姿，也就是冥想的姿势。佛像卧姿代表进入涅槃，站姿或者行走的佛像则代表佛祖从天而降。佛陀像的手势也具有各种不同的含义。下面这些是最常见的手势。

触地印：左手放在大腿上，右手置于右膝上，指尖指向地面。这个姿势代表佛利用大地的力量进行冥想沉思。

无畏印：布施无怖，右手掌心向外，似乎在说“不”。有时也会双手掌心向外，表示救济众生的大慈心愿。

推究手印：右手拇指和食指形成圆圈，代表佛法循环。

禅定印：这是一个冥想姿势，双手掌心向上，放在大腿上。

身穿僧袍、摆出各种手势的佛陀像

印度诸神

在泰国寺庙里，除了供奉佛像，还供奉印度神像：

■头戴高冠、拥有四臂的毗湿奴神。

■半人半鸟的迦楼罗。

■和迦楼罗一样神秘的湿婆，4只手臂托4样物品，代表和平与牺牲。

■象神甘尼许。

觉悟者

佛陀一直被解释为“觉悟者”，其实这个词是“获得启示”的意思。佛教提倡“中道”，极端放纵和过度苦修都不可取，认为世间千万事，人人都有责任，求神不如求己，提倡人们内省自救。这些佛教教义深深地融入了泰国人的日常生活中，但对外国游客来讲，佛教最虔诚的代表依然是僧侣。

泰国佛教盛行，到处林立着金色尖顶的寺庙，佛寺造型宏伟壮观，建筑装饰精巧卓绝，是泰国文化的精粹。在泰国，随处可见身披袈裟的僧侣，佛教精神深植于泰国民众心中。这个国家的6 500万居民中，超过95%的人信奉佛教，因此，泰国又有“千佛之国”的美名。佛教影响了泰国人的道德标准，使之形成了温和的处世方式和爱好和平的精神风范。

绝大多数泰国男人一生中会出家一段时间，哪怕只有几天，连王室和贵族也不例外。佛教对泰国人民的日常生活产生强烈的影响。几百年来，泰国日常生活的方方面面几乎都和佛教有着密切关系。泰国的节日庆祝活动大都有佛教仪式，也有专门的佛教节日，如万佛节、佛诞节、守夏节等。无论在城市还是乡村，寺庙都是社会生活和宗教生活的中心。无数泰国人定期坐禅以提升内心的平静和愉快。游客也可以在曼谷或者其他地方学习坐禅的基本规则。

> “绝大多数泰国男人一生中会出家一段时间。”

有福同享

泰国人时刻不忘践行他们的信仰。他们认为施舍可以获得功绩，因此他们从不把不好的东西捐赠给他人。蜡烛、肥皂、速溶咖啡和电池对僧侣们来说是最实用的捐赠物。泰国僧侣也同样身体力行，他们会和庙里的其他僧侣分享得到的一切。如果他们得到的东西用不完，还会和附近其他寺庙的僧侣共享。

僧侣的生活

泰国文化中，僧侣特别受尊敬。公交车后面有专门为他们预留的座位；在机场，他们也有专门的候机区。

赶去听讲的沙弥

佛教起源

根据佛教教义，佛陀原本是一名王子，姓乔达摩，名悉达多，出生在公元前6世纪或者前7世纪。在29岁那年，他逃出王宫，开始进行苦修，通过冥想忍受苦难，最终修成大果，实现涅槃。他倡导“中道”。

味觉盛宴

到泰国旅行，一定要品尝地道的泰国美食，才不虚此行。虽然现在泰国餐馆已经遍布全球，很多旅行者也在其他地方品尝过泰国菜，但在泰国当地餐馆中品尝地道泰国美食，绝对会带给你意想不到的新奇感受。

泰国菜的特点源于以前的水上生活方式，菜肴以海鲜、水果、蔬菜为主，善于搭配各种食材，最常用的有柠檬、鱼露、朝天椒和咖喱酱。口味以酸、辣、咸、甜、苦五味平衡为特点，这也充分彰显了泰国文化的精髓——和谐自然。因地理位置和文化背景的不同，泰国菜分为四大菜系，即泰北菜、泰东北菜、泰中菜与泰南菜。

不管是在简陋的路边摊，还是低调奢华的餐馆中，你都会发现泰国菜的特点：虽然每道美食都只是几样新鲜食材简单搭配，在锅里稍微烹制一下即可，但最终的成品绝对是味蕾的一大刺激，一口下去，各种味道奇异地融合在一起，给食客带来奇妙的感受。

永远的最爱

在泰国，最常见的食物是各式面条，搭配碎肉和各种时令蔬菜，再加上各种辣酱和调味料，最后点缀一点香草。例如，泰式炒河粉，顾名思义，主料是泰式河粉，配以鲜虾、豆腐或者鸡肉等食材炒制，然后加些辣椒粉和花生碎等拌匀，最后滴上几滴柠檬汁，一道美味就完成了。这几乎是每家泰国餐馆必不可少的一道主打美食。虽然在其他地方也可以吃到，但味道绝对不如这里的地道。泰国咖喱味美鲜香，最常见的咖喱粉有红咖喱、绿咖喱和黄咖喱。咖喱多由椰奶、红辣椒、柠檬草和南姜混合调制而成。泰国的汤同样口感独特，例如众所周知的泰式酸辣海鲜汤（即冬阴功汤）。在泰国，冬阴功汤的主要食材有鱼、虾以及其他海鲜，有时也会加些鸡肉和蘑菇。现在，即食的冬阴功汤包不仅在泰国的很多地方可以买到，在世界各地很多大的超市里也随处可见。

地方特色美食

乍一看泰国地方特色菜，给人的感觉就是利用各种辛辣香料胡乱拼凑出来的，但正是因为酸咸味道上的细微差别以及完美融合，才让你有了截然不同的味蕾享受。如果你真的想挑战自己的味蕾，建议你尝试一下泰国南部的黄咖喱，味道辛辣刺激，辅以香草和辣椒，可以想象吃一口会是多么刺激。如果无法接受，你可以试试泰国东北特色菜青木瓜沙

清迈烹饪课上制作的泰南穆斯林咖喱牛肉

拉（菜单中这个菜名旁会有“Issan”字样，表明这道菜源于伊森地区），虽然你可能依然不适应，但口感相对没那么刺激。青木瓜沙拉有两种，拌以干虾和花生的叫som tum thai，和腌蟹拌在一起的叫som tum pbooh。

泰国南部的咖喱和北部伊森地区的没什么差别，都辛辣无比，但南北部的美食却有很大不同。南部两边靠海，盛产海鲜。而且，位于南部的泰国第三大岛——苏梅岛，全年气候温和，非常适合椰树生长，椰子是这里最具特色的美味。

泰国北部的美食主料多为糯米和咖喱。在这里有一道特色美食Naem，是把切碎的腌肉用香蕉叶包成小块的方形，蒸好后挂在新鲜农产品摊位上出售。在泰国中部，最著名的要数泰式茉莉香米饭和以虾膏为主料的辣椒酱（红番辣椒酱），再配上当地产的时令蔬菜（例如空心菜），堪称一绝。

街头美食

泰国街头各种美食让人目不暇接，来此旅游一定要尝试一下。例如泰国流行小吃油炸香蕉，外面裹着一层厚厚的金黄色的由椰汁、棕榈糖和烤米饭做成的外壳，让人垂涎欲滴。在街头，巨大的汤锅里翻滚着美味的浓汤，香气四溢，闻者驻足。另外，还有炒贵刁（一种米线）、饺子和水煮蔬菜等，都值得品尝一下。

烹饪学校

在曼谷、清迈、普吉岛以及苏梅岛，烹饪学校比比皆是，人们在这里可以学习各种菜肴的烹制方法。比较有意思的是，在泰国学习烹饪要从逛当地的菜市场开始，因为泰国人认为，烹饪从选购食材开始。泰国各地的菜品都极具地方特色。虽然很多泰国菜用的香料现在很多地方都有售，但在泰国购买要便宜很多。例如，泰国有一种浅黄色的藕干，不仅便于携带，而且易于保存。

泰国皇室

泰国民众对泰国皇室无比忠诚。在道路两旁，随处可见大幅闪闪发光的泰国国王普密蓬和王后诗丽吉的画像。在泰国，每个家庭都会在显要位置至少摆放一张皇室成员的画像。

仁慈君主

泰国现任国王普密蓬·阿杜德是却克里王朝第九世王，称拉玛九世。却克里王朝始于1782年。普密蓬国王的曾祖父拉玛四世蒙库特曾在继承王位前正式出家为僧30年，继承王位后乐于接受现代文明。拉玛五世朱拉隆功于在位期间废除了过时的中世纪宫廷礼仪，在泰国首创学校系统，大力修建铁路，建立了泰国第一家医院。拉玛六世哇栖拉兀一直致力于带领泰国和西方世界接轨。在1913年以前，泰国普通人只有名字没有姓氏，拉玛六世让普通大众有了姓氏。他还实施了义务基础教育，建立了泰国首家大学。

拉玛七世巴差提步是一名备受尊重的作家，在位期间，建立了国家图书馆、美术学院和国家博物馆。

受人尊敬的领导者

“普密蓬”在泰语中的意思是“土地的力量”。泰国国王被人们视为精神领袖，普密蓬国王在泰国人心目中的地位更是达到了前所未有的高度，超越了以往任何一任君主。泰国旅游官网介绍普密蓬国王为“道德典范”“文学天才”。虽然这可能有一部分历史因素在内，而且泰国宪法明确规定，国王必须“受人尊敬崇拜”，但也可能是因为在他之前，泰国从来没有过像他这样长时间在位的清明的政治领袖。几个世纪以来，这个国家的政府一直因腐败无能而饱受诟病。

在1932年以前，泰国一直实行君主专制。1932年，泰国发生政变，建立了和英国一样的君主立宪制政府。普密蓬国王1927年出生于美国，后来在瑞士接受教育，于1946年继承王位。1996年，泰国专门举行庆典，庆祝普密蓬国王登基50周年。但是，和英国王室不同，泰国王室成员不能从王室财产中获得任何钱财。泰国王室在泰国政治中有着不可忽视的重要作用：1992年泰国发生军事政变，国难当头的关键时刻，国王普密蓬介入，在电视直播中，当时的泰国总理苏钦达和示威人士领袖都跪在普密蓬国王面前，聆听他的训导。据报道，很多国际大公司的执

普密蓬国王

行高层也都为他的魅力所折服。在普密蓬国王看来，一个成功的国王必须是国家的活招牌。他必须紧跟社会进步的步伐，但同时也要坚守民族精神。一直以来，他和王室成员都在身体力行践行他的主张。普密蓬的

与王室有关的节假日

- 4月6日是却克里王朝日，拉玛一世在这一天登基。
- 5月5日是国王登基日，纪念普密蓬国王和王后诗丽吉。
- 8月12日是诗丽吉王后诞辰。
- 10月23日是朱拉隆功大帝日，纪念拉玛五世朱拉隆功大帝。
- 12月5日是普密蓬国王诞辰。

"一个成功的国王
必须是国家的活招牌。"

左图：1946年登基的现任泰国国王普密蓬

右图：王后诗丽吉，热衷慈善事业，受人爱戴

兄长阿南塔为泰国现代医学做出了卓越贡献；他的母亲组建了"飞行医生"（Flying Doctors），奔赴偏远地区，提供医疗救治。普密蓬国王和诗丽吉王后多年来开展了无数乡村救济项目，尤其是在贫困的东北地区。

皇家威严

来泰国旅游，切记不要有诋毁泰国皇室的言行，最好也不要提及泰国王室——在很多泰国人看来，他们没有资格私下随意讨论王室成员，至于谁将成为这个现存最古老的王室的继承人，也不是他们应该讨论的。2008年，一位澳大利亚作家因评论泰国国王被判3年监禁。在入狱5个月后，他得到了皇室的谅解。

泰国人非常爱国，每天8:00和18:00，在泰国所有的公众场所，都会通过扩音喇叭播放泰国国歌，每当这时，所有人都要停下一切活动，静立听国歌。

《国王和我》

在音乐舞台剧《国王和我》中，蒙库特被虚构成了一个脾气暴躁、没有判断力的国王。这部电影和1946年的《国王暹罗与安娜》以及1999年的《国王与安娜》在泰国一直被禁播。

特色休闲

对那些想要户外探险，寻求刺激，或者想要有一段不平常旅途的人来说，泰国无疑是一个好去处。这里有各种户外活动，可以满足不同人的各种需求：徒步穿越泰国北部，骑单车绕行素可泰浏览古城风光，也可以骑着大象穿越丛林，或者潜水，在珊瑚礁间和蝠鲼比赛游泳……在泰国，只要你愿意，从极限运动到舒缓的瑜伽，一切应有尽有。在这里，你不仅可以尝试各种新奇的事物，也可以在一个独特的环境中体验过去熟悉的活动。

徒步探险

在泰国，徒步探险已经是一项发展成熟的活动，活动地点主要集中在泰国的北部和西北部。另外，泰国的北碧府和一些国家公园，例如三百峰国家公园，也都可以组织徒步旅行。在泰国北部，组织徒步旅行的公司有数百家。相对其他活动来讲，徒步旅行更有助于生态文化的保护。来这里不妨尝试一下，一定有一条徒步旅行路线是适合你的（更多徒步旅行公司的信息参见➤P144）。

单车游

在泰国绝大多数著名的旅游景点，游客都可以租到单车。有时，当你想参观素可泰这样的古城时，骑车无疑是最佳的选择。游览清迈时，欣赏清迈周边诸多寺庙建筑，骑车也是不错的方法。山地骑行现在大范围流行开来。清迈山地骑行公司是一家声誉很好的公司（Mountain Biking Chiang Mai @www.mountainbikingchiangmai.com）。

即使是在曼谷，你也可以骑单车旅行，虽然乍一看像是想自杀的节奏，但如果你参加一个自行车旅行团，骑单车旅行也是很安全的。在曼谷市区或周边，你可以骑车探索绿地，参观河上集市，欣赏稻田，或者骑车游览柯叻岛（Ko

游素可泰古城的好方法——骑单车

泰国独特休闲活动——浮潜

Kret）上的陶瓷村。这样的单车旅行至少需要半天的时间。如果你想要更远些的骑行，可以参加穿越考艾国家公园的美酒之旅，这项活动新颖有趣，而且不是很吃力，是由曼谷自行车骑行公司组织的（Bangkok Bike Rides @www.bangkokbikerides.com）。

水上运动

在泰国，有很多水上或水下运动可以体验。但选择运动时一定要慎重，因为有些活动会对环境造成破坏。泰国的潜水活动一直久负盛名，但一定要注意，由于海底有大片的珊瑚礁，因此潜水时一定要小心，不要损坏这些精美的珊瑚。泰国的很多公司都非常具有环保意识，例如蓝色星球潜水公司（Blue Planet Divers @www.blueplanetdivers.net）。该公司提供自由潜水培训，指导人们不携带氧气瓶，尽可能深地潜入海中。没有经过训练的游客，千万不要尝试这项活动。

潜水者，尤其是自由潜水者需要学会控制呼吸，瑜伽里的一些技巧非常适合练习自由潜水。自由潜水的课程可以从初级的瑜伽课程开始。皮皮岛上的Keirita瑜伽馆（@www.keiritasyoga.com）就把蛙潜和瑜伽结合了起来。专业潜水教练协会（PADI）可以为从来没有潜过水或者需要提高潜水技能的人提供全程指导。所有的潜水设备都可以租赁使用。凡是允许游客潜水的小岛，都可以进行浮潜，而且都很安全。虽然可以租用到所有的设备，但你可能更喜欢带上自己的潜水面罩和通气管，确保它们符合安全标准。如果想要追求更大的刺激，去苏梅群岛（➤P171～175）和芭堤雅（➤P151～152）风帆冲浪不失为一个好的选择。沿着安达曼海海岸划独木艇也是非常流行的运动，沿途很多浅湖和洞穴可以探险，没有什么危险性。

攀岩与竹筏漂流

来泰国旅游，还有一个冒险活动就是攀岩，甲米岛（➤P203～205）和皮皮岛是泰国最适合攀岩的地区。对初次攀岩的人，这里提供培训课程，而且全套的攀岩装备也可以确保初学者的安全。在泰国北部，最主要的旅游活动通常是沿河泛竹筏，离清迈不远的拜县（➤P127）非常适合竹筏漂流。

安全须知

不管想要体验上述哪种活动，一定要安全至上，聘请专业指导，使用符合国际安全标准的设备。

甲米岛东莱雷海滩（East Rai Leh）上的攀岩者

小贴士

要想了解更多活动和泰国节假日信息，可以登录下列网站：

- 节假日旅行可登录www.responsibletravel.com。
- 了解更多泰国骑车旅行信息可登录www.bangkokbikerides.com或者www.thailandgreenride.com。
- 了解更多自由潜水和水肺潜水可登录www.blueplanetdivers.net。
- 要想在皮皮岛附近潜水，可登录下列潜水学校网站了解更多信息：www.hippodivers.com，www.visadiving.com和www.blueview-divers.com。
- 清迈是瑜伽和替代医疗中心，如果想要在清迈学习瑜伽，可以登录www.namochiangmai.com。

泰式疗养

在泰国，不管你在哪个地方，都可以找一家专业的水疗馆，享受正宗的泰式按摩服务。不管你是想恢复活力还是想放松身心，都一定会得偿所愿。

对充满压力的西方人来说，很长时间以来，泰国成了他们舒缓压力的最佳旅游目的地。泰国人的生活宁静祥和，他们经常挂在嘴边的话就是“没关系”，这一切都有助于人们获得心灵上的宁静。

传统泰式按摩

传统泰式按摩已经有好几个世纪的历史了，通过按摩，人们可以恢复活力，让僵硬的肌肉得以放松。按摩师通过手部或者身体按压人身体上的某一个点，释放累积的压力，也可以说是在恢复你的能量。正规的按摩，整个过程需要一个半到两个小时不等。虽然你可能会觉得按摩的力度过大，但正是这样的按压让你得到放松，恢复健康。精油按摩比传统泰式按摩轻柔，通过理疗的方式，达到纾解压力的功效。

在泰国，要想学习传统泰式按摩，了解按摩技巧，最著名的按摩学校就是位于曼谷的卧佛寺（➤P67～68）。传统按摩技巧和流行的水疗技巧完全不同，水疗时，两位女按摩师合作，四手同时温柔地进行按摩。

全身保养的水疗

泰国的很多酒店都有水疗馆，

几乎都对非酒店旅客开放。但一定要提前预订，然后只需花钱就可以享受了。也有一些独立经营的高档水疗馆，不附属于酒店。这些水疗馆提供的水疗方式多种多样，包括单纯的身体保养以及各式按摩，既有泰式传统按摩，也包括涂抹各种精油的阿育吠陀疗法（这是一种古老的印度医学疗法，主要包括3种方法：药草疗法、推拿疗法及瑜伽疗法）。

全身肌肤的保养一般采用周身体膜护理，它们通常有一个非常吸引人的名字，诸如“山竹果皮体膜护理”或者“蓝莲花芦荟体膜护理”，承诺会淡化皱纹，恢复青春。全身涂上海藻萃取液，或者丰富的矿物质泥，最奢华的是在身体上涂满纯金体膜，这都是为了让身体恢复青春活力，放松身心。

左图：苏梅岛Tamarind水疗度假村
右图：泰式按摩房间

世界顶级水疗馆

很多条件好一些的酒店都有自己的水疗馆，即使不住在酒店中，也可以按客房价享受。下面是一些比较著名的独立水疗馆：

- 卡玛拉雅（Kamalaya @ www.kamalaya.com）位于苏梅岛，是一家集健康会所和整体水疗于一体的度假胜地，这里提供多种疗法，包括印度传统阿育吠陀疗法、针灸疗法、瑜伽、排毒疗法以及其他常见的水疗疗法。
- 水之屋（Oasis Spa @ www.bangkokoasis.com）在曼谷、清迈、普吉岛和芭堤雅有很多分店，都是装饰精美的泰式建筑，里面提供传统泰式按摩和精油按摩、磨砂、全身护理、面部治疗等。
- Devarana Spa（@ www.devaranaspa.com）在曼谷、普吉岛、华欣、清迈都有，在这里你可以享受一次奢华的水疗体验。

欢度节庆

在泰国，不管是为了纪念农业传统、宗教信仰、皇室成员，还是祭拜诸神，节日总是洋溢着欢乐的气氛。泰国有两个全国性的节日，一个是泰国和中国都有的传统节日——新年，另一个是泰国特有的传统节日——水灯节。每到这两个节日，泰国上下会举国欢庆。

庆祝新年

泰国传统的新年，也叫宋干节，一般在每年的4月13日—15日，如果这个时候你在清迈或者曼谷，一定不要错过。每年的水稻丰收后，也就到泼水节了。活动场面非常壮观，所有人都可以参加，人们兴高采烈地互相泼水。这个活动源于古老的净水节。活动中，即使是游人也不能幸免，不经意间，你可能就发现自己被兜头泼了一桶冰水，或者成为一把巨大的水枪靶子。做好被淋湿的准备吧。泰国僧侣在这个节日通常都会用水清洗佛像进行庆祝。在清迈，你还有可能看到人们抬着佛像穿城游行。

中国的春节是根据农历计算的，通常在2月，泰国也会庆祝新年，一般会表演传统舞狮和燃放烟花。

水灯节

泰国水灯节在每年11月的月圆之夜，它带给人们的绝对是一场视觉盛宴。在河边、运河边或者湖边，无数手工制作的漂亮水灯漂浮在水中，光彩熠熠。水灯上多会装饰一些花饰，放上蜡烛或者香烛。政府也会精心制作大型水灯，并燃放烟花庆祝。在泼水节，人们通过泼水祈福，希望扔掉一切不顺；水灯节上，一盏盏小灯浮在水面上，代表着人们希望过去的一切不幸都随之远去。

泼水节上，人们泼水庆祝

泰国节日

泰国的节日有很多，无法一一列举，有些节日甚至没有具体的日期。在泰国旅游时，如果想要了解当时有哪些节日，可以登录www.thaifestivalblogs.com了解更多信息，这个网站会经常更新。提醒一点，有一个节日值得关注，每年的11月末或者12月初，北碧镇一座著名大桥上，会举行为期一周的纪念活动。

克伦族男人

山地部落

时至今日，泰国山地部落族人的生活依然贫困，饱受种族歧视，虽然现代文明无孔不入地侵蚀着他们半游牧的生活方式和部落文化，但他们依然保留了很多传统生活习惯。这些山地部落，藏身于物产富饶的山谷里，穿行于崇山峻岭间，继续着他们历史悠久的生活方式，坚持自己的风俗习惯，穿戴民族传统服饰，庆祝自己的各种节日。

泰国北部主要有七大山地民族：阿卡族、拉祜族、傈僳族、克伦族、长颈族（通常包括在克伦族内）、赫蒙族和瑶族。每个民族都有自己独特的服饰和文化。一些旅游公司为游客提供山地部落村庄游，游客可以住进某个村庄里。山地部落村庄游带动了当地的发展，例如雇用当地村民做导游，和开展一些能够给当地带来可持续发展的活动。最佳的方法是，游客参加由山地人自己组织的活动，住到村民的家里，这样既可以给村民带来直接的经济收入，也有助于文化交流。

阿卡族妇女

拜县附近的傈僳族少女正在收割水稻

傈僳族

普遍认为，傈僳族是在20世纪初期由中国移民到泰国去的，现在大概有3万人，主要居住在清迈北部山区。傈僳族是最小的山地部落之一，同时也是民族文化保存最完整的一个民族。

和其他山地民族一样，傈僳族人的生活并不富裕，生产的粮食勉强糊口。他们擅长手工制作首饰、木制家具、服装等，经常和游客、邻近的其他村落或者城镇里的人进行交换。他们的房子取材于森林，用竹子做墙，茅草做顶。除了住房，在农作物未收割的时节，他们还靠在森林中打猎维持生存。过去由于生活所迫，傈僳族人曾经种植鸦片，由于非法已经被勒令禁止，现在他们种起了经济作物，例如咖啡。

宗教和精神信仰依然是部落村民生活的重心，傈僳族人同样坚信万物皆有灵。每一个村庄都有自己的巫医，每家都有神龛，供奉着家里的先辈。有新生儿出生或者新人结婚时，村里会举行庆典，但最重大的庆典是中国的春节，一般在每年的2月。每年庄稼播种完毕，一年一度的新年也就到了。不仅傈僳族，泰国多数山地部落都有过新年的习俗，庆典一般会持续好几天。在节日期间，族人要互相拜访，到了晚上，女性会穿上民族服饰，载歌载舞，献上精彩的表演。男人们则一边喝着他们自制的玉米酒，一边和村里的长者讨论事情。每年的这个时候，也是年轻男女订婚的时节，男方带着银器或者现金到女方家下聘，双方就聘礼进行协商，达成一致后会喝酒庆祝。

文化的转变

虽然山地部落的传统文化遭到了冲击，但一些村落还是找到了某些方法，既可以享受手机之类的现代工具以及教育等现代文明带来的便利，同时又最大限度地保存自己的传统文化。他们也去公立

克伦族人

学校上学，为了生存，他们做各种工作，通常和旅游业有关，但又不会破坏他们的民族传统习俗。

山地部落之间的差异

北部7个山地部落的日常生活有很多共同点，但每个山地民族依然有着自己独特的文化和习俗。

- 克伦族人是从缅甸迁徙过来的，是这里最大的部落，他们的织布技术闻名遐迩。该族未婚女孩穿白色绣花上衣和裙子，以区别于已婚女性。
- 阿卡族居住在更靠北的地方，他们的民族文化集中体现在独特的建筑上，每家都有一扇木制大门和一架秋千。每年8月，他们都要举行一项由来已久的活动——荡秋千。
- 拉祜族、傈僳族和赫蒙族都居住在泰国北部海拔较高的地方。拉祜族又分为很多小民族，每个小民族也都有自己的服饰。赫蒙族人偏爱纯色短上衣，搭配红色或黑色的宽松长裤。傈僳族人的服饰是所有民族服饰中颜色最绚烂的：女性头戴坠有五彩流苏的头饰，身穿色彩鲜艳的束腰外衣、黑色裤子，外加一条长长的饰带。在重要节日，她们还会佩戴各种各样的银饰。
- 瑶族和傈僳族一样，是从中国迁徙来的，但瑶族是唯一一个至今仍说汉语的山地部落。在瑶族，家族所有人生活在一起，奉行一夫多妻制。
- 长颈族妇女，顾名思义，该族女性的脖子都很长，这是因为她们在脖子上戴黄铜线圈的缘故。

行前功课

如何前往泰国

虽然泰国芭堤雅和苏梅岛都有国际航班到港，但多数外国游客还是喜欢乘飞机抵达曼谷的素万那普国际机场，从那里开始泰国的旅程。马来西亚的游客通常会乘坐火车抵达巴东勿剎。如果边境和平，也可以从马来西亚出发，途经柬埔寨，到达泰国的Ban Hat Lek，不过中间可能需要几次换乘。由于中国游客的增多，泰国对陆路交通也日益重视起来。

乘坐飞机

曼谷的素万那普国际机场（@ www.bangkokairportonline.com）位于曼谷以东25千米，有多条国际航线。还有一些国内小型机场，例如泰国航空公司（原曼谷国际机场）以及曼谷东北部25千米外的廊曼机场（@ www.donmuangairportonline.com）。

机场设施

在素万那普国际机场，游客可以兑换外币，机场也设有邮局、通信公司、汽车租赁处和行李存取处，全都24小时开放。机场还有一家旅游办事处。当然，酒吧、咖啡厅、饭店等也都一应俱全，这里还有一家诺福特机场酒店。

从机场到曼谷：普通出租车

- 长途飞行后，坐出租车去曼谷市区可能是最好的选择。大约1个小时就可以到达市区。
- 出租车费用为450泰铢~500泰铢，包括50泰铢的机场附加费以及高速公路过路费。
- 在岗亭乘坐有执照的出租车，就在出关的下一层。
- 岗亭规定了出租车价格，你也可以选择计价的出租车，价格上基本没有区别，但如果在高峰期的话，乘坐计价出租车可能就不太划算了。
- 不要理会任何主动搭讪、招揽顾客的司机或者帮手，他们很可能是无证经营，试图狠宰你一顿。
- 提前确认高速公路过路费是否包含在车费内。

从机场到曼谷：大型豪华车

- 如果你很擅长讲价，时间也充裕，你可以乘坐豪华出租车去曼谷，价格大约为1 000泰铢，是普通出租车价格的2倍。
- 奢侈享受的额外好处是，你可以不用排队等候。
- 到港大厅的2层有贵宾车服务处，24小时营业。
- 出发前一定要确定好乘车费用。

从机场到曼谷：火车

- 机场地铁（@ www.bangkokairporttrain.com）每15分钟～30分钟一趟，只需15分钟就可以抵达马加山。
- 机场地铁从早上6点一直到24点都有班次，单程票价150泰铢。
- 从马加山你可以打车去各个目的地，也可以步行5分钟到碧武里地铁站，乘坐地铁去各个景点。
- 如果你有很多行李的话，不建议你坐火车；如果你们是两个人一起旅行的话，出租车和火车的费用差不多。

从机场到曼谷：班车

- 在素万那普国际机场，有24小时免费班车，共有5条路线可供选择。
- 曼谷公共交通管理局（BMTA @ www.bmta.co.th）的公交车24小时运营，往返于各个机场之间，票价为50泰铢。
- 出租车更快捷一些，你可以在一层岗亭打车，价钱是固定的。

旅游须知

- 泰国旅游局简称TAT。机场旅游局办事处办公时间🕒8:00—24:00。
- 中央旅游信息办公室（✉1600 Thanon Phetchaburi Makkasan，Ratchathewi，Bangkok ☎0 2250 5500 @www.tourismthailand.org 🕒周一—周五：8:00—17:00）。
- 游客中心设有一个英语呼叫中心，号码是1672。
- 游客中心在全泰各地都设有办事处。

素万那普机场登机大厅

泰国境内交通

在泰国旅游，你会吃惊地发现，一切都很简单。公交车和火车车次多，票价公平合理。如果想旅途舒服一些，只需多花一点点的钱，就可以买到火车头等座、乘坐空调车或者国内航班。

公交车

■乘坐公交车时，如果想要旅途舒适，空调车是最好的选择。空调公交车有政府经营的，也有私营的，价格比普通公交车稍贵。

■政府公交公司简称BKS，运营的公交车包括各个等级，从没有空调的短途公交车到舒适的长途空调车，以及拥有斜靠椅的VIP公交车，甚至还有配有女服务员提供食品饮料、设有卫生间的豪华VIP公交车。这样的公交车非常适合夜间旅行，座椅可以调整到水平位置。

■长途豪华车通常只在早上和晚上出发，而普通班车全天都有车从各个城镇出发，发车时间不固定。

■在曼谷，开往北部和南部的长途车经常让人摸不着头脑，有很多公交公司聚集在一起，售票窗口也很多。一定要看仔细。

■在集散中心，都有带空调的小型面包车，这种车非常方便，但很不准时，总是扎堆出现，票价也比公交车贵很多。而且他们有可能把你带到你不想去的渡船公司或者旅馆，从中获取佣金。需要小心选择。

■宋条车是一种敞篷货车，有两排凳子可以乘坐，可以像公交车一样只出一个人的钱；如果车上没人，你也可以包车。

火车

■泰国火车通往全国各地，如果可能的话，尽量选择坐火车出游，虽然旅途花费时间比坐汽车长一些，但是要舒服得多，尤其是卧铺车（更多详情可登录@www.seat61.com）。

■曼谷有4条火车线路经过，前3趟分别开往清迈、华欣、素叻他尼，继续驶向南部的苏梅岛和马来西亚边境，最后一趟是开往东北的伊森地区。从曼谷出发开往清迈的火车途经大城府和南邦府，沿途有火车站。

■火车票需要提前预订，可通过代理商、火车站以及泰国国家铁路网（@www.railway.co.th），在该网站还可以查询票价信息和列车时刻表。

■火车票分为3个等级（一等、二等、三等），列车也分为3种类型（特快、快速和普通车）。一等车是双层卧铺车厢，二等车是普尔曼式卧铺车，三等车是硬座车。如果对私人空间要求不高，二等车是一个不错的选择，干净舒适，而且价格适中。所有火车都有自助餐，绝大多数夜间车配有餐车。

泰国国内航班

■泰国航空（@www.thaiairways.com）一直占据泰国航空界的主导地

位。要想乘坐这家航空公司的飞机，最好提前预订。你也可以选择其他的航空公司，例如曼谷航空（@www.bangkokair.com）、亚洲航空（@www.airasia.com）和泰鸟航空（@www.nokair.com）。

- 从清迈到普吉岛，要想节省时间，你可以搭乘泰国航空每日一班的飞机，中途在曼谷停留。机票大多要提前预订，尤其是在周末或者节假日。

出租车

- 乘坐出租车，上车前确定好价钱——一定要狠砍价；如果不擅长讲价，建议你坐有计价器的出租车。
- 一些出租车司机，尤其是在一些客流量大的交通枢纽或者主要景区，经常会欺骗游客，漫天要价。尽量远离那些主动攀谈的司机，讲价时，一定要弄清楚实际价格。如果想旅途舒服一些，可以考虑租车。

嘟嘟车

嘟嘟车是一种侧边敞开的三轮机动车，也有非机动车。这种交通工具既便宜又快捷，尤其是在曼谷，但是这种车噪声很大，而且途中很可能会把头发吹乱。嘟嘟车没有计价器，上车前一定要和司机谈好价钱。

租车

- 相对来说，在泰国租车不是很贵，很多地方都可以租到车。如果租车超过一天的话，可以要求老板打折。雇司机的费用相当于租车半天的钱；认真阅读保险事宜。如果遇到事故，你需要承担责任。
- 原则上你需要提供国际驾驶证，但通常很少有人要求。更多信息可以登录@www.theaa.com/getaway/idp。
- 一般情况下，不要提前安排租车事宜，到了泰国再租车会便宜一些。
- 泰国车辆靠左侧行驶。在这里，多数交通规则形同虚设，有一条不成文的规定，谁的车大，谁就拥有优先权。打闪光灯代表示警，而不是表示道路畅通。在泰国，按喇叭并不算冒犯，而是提醒其他司机你想超车。泰国的主要公路沿途都设有限速器。

租车公司

下列租车公司在泰国主要景点都设有办事处。Avis：@www.avis.com；Budget：@www.budget.com。

门票价格

博物馆和旅游景点的门票价格：

- 50泰铢以下 ฿
- 50泰铢～100泰铢 ฿฿
- 100泰铢以上 ฿฿฿

宿食购娱

住宿

到泰国旅游，住宿非常方便，而且有多种选择，但你可能会发现酒店分布非常不均衡。在曼谷、清迈、普吉岛和苏梅岛上，从物美价廉的招待所到世界顶级豪华的酒店，应有尽有。而在其他地方，例如大城府、素可泰，游客可选择的相对就少了很多。泰国旅游旺季从每年的11月到次年的3月。若在这时来泰国旅行，一些较昂贵的酒店和度假村一定要提前预订。

招待所

- 虽然设施与大酒店有所差别，但多数都非常干净，得到了非常完善的维护。
- 在曼谷的考山路上，有很多装修简单的标准房，房价不到300泰铢。这个价钱在清迈可以订到旅馆，而且要比曼谷的条件好。

豪华酒店

考虑到泰国的生活水平，和世界上其他国家相比，泰国豪华酒店的住宿价格还是非常合理的。许多豪华酒店都是国际连锁酒店，在其他国家酒店里具有的一些文娱和休闲设施，这里也有，而且旅客通常都能享受到半价优惠。

度假酒店

- 泰国很多度假酒店既是酒店，也是水疗保健中心。
- 这些酒店的服务标准都极高。
- 有一点一定要注意，在泰国一些城镇郊区，小旅馆或者招待所都打上了“度假”的招牌，以吸引游客。

洗衣店

几乎在每个招待所和酒店都有专门的洗衣服务，价钱便宜，衣服洗得又快又干净。他们通常在24小时内就能把衣服洗净、晾干、熨平整送回。如加急，可以单独提出。

洗手间

现在在泰国，西式的卫生间和洗浴方式越来越普遍，但是曼谷以外的很多地方，以及一些小旅馆或者老旧的旅馆里，仍然可以看到蹲厕，里面用的是洁厕软管，而不是卫生纸。

酒店预订

- 虽然曼谷各式酒店应有尽有，但大一点的酒店最好出行前预订好。
- 节假日期间（➤P40～41），在清迈、普吉岛或者是芭堤雅旅行，最好也提前预订酒店。在每年的12月，泰国旅游旺季的时候，也最好提前预订酒店。

税和小费

- 在高档酒店或者饭店消费，通常需要付10%的小费，缴纳消费额度7.5%的政府税。在招待所或者经济型酒店则无须上税，也不必给小费。
- 给小费不是硬性规定，但显然给小费很受欢迎。在酒店工作的女服务员的工资很低，离开时最好留下一些小费。

住宿价格

双人间每晚均价：

- 2 000泰铢以下 ฿
- 2 000泰铢~5 000泰铢 ฿฿
- 5 000泰铢以上 ฿฿฿

美食

一些泰国菜的忠实拥趸认为，泰国菜是世界上最美味的，不仅菜品丰富，做工精细，而且价格也很合理。不需很多钱，就可以在泰国品尝各种美味。在曼谷，游客可以品尝到各地美食，越南菜、菲律宾菜、马来西亚菜、中国的粤菜和云南菜、日本菜、韩国菜、法国菜、德国菜、意大利菜，甚至还有墨西哥菜。

传统泰国菜

- 泰国菜和其他东南亚国家的菜品一样，主食是米饭。泰国深受中国饮食文化的影响，面条是他们的最爱。
- 泰国的米有两种，一种是蓬松长粒米，食用时用刀叉；另一种是糯米，主要食用地区是北部和东北地区，一般用手抓着吃。
- 泰国人吃面条时使用筷子。

旅行须知

- 一般而言，泰国饭店会所有主菜一起上。
- 在饭店用餐时，每人一份米饭，搭配餐桌上的各式菜肴，通常由咖喱、汤、鱼肉、家禽肉以及猪肉做成。
- 泰国人十分注重卫生和用餐礼节，如果你能够入乡随俗，他们就会认为你是绅士或者淑女。

■ 吃完面不要把筷子放在面条碗里，泰国人认为这样不吉利。
■ 泰国人经常吃米饭（要么就是糯米饭），搭配各种菜肴，常用的餐具是叉子和勺子。泰国人只在吃西餐的时候才会用刀，因为泰国食物通常是被切成小块端上餐桌的。
■ 泰国人没有固定的用餐时间，不管白天还是夜晚，任何时候都可以用餐。
■ 餐馆的营业时间各不相同，但绝大多数餐馆一周会营业7天。和很多国家不同的是，餐馆营业时间长短也没有限制，有的可能会在凌晨1点才关门。一些路边摊则有可能在上午10点出摊，一直卖到第二天黎明。泰国人习惯少食多餐，他们认为一日三餐的习惯很奇怪，但为了满足外国游客的需求，泰国的餐馆尽量加以调整。华欣虽然地方不大，但泰国菜品种多样，各大国际饭店云集。苏梅岛同样是美食的天下，几乎能够满足所有顾客的口味需求。
■ 14:00—17:00、0:00—11:00这两个时间段，在商店和超市购买酒都属于违法行为。
■ 泰国很多顶级酒店都提供超值的自助午餐。具体详情可以查阅曼谷、清迈和普吉岛当地的《旅行指南》月刊，里面会介绍有哪些酒店提供自助午餐。
■ 在皇室成员诞辰、佛历圣日以及大选期间，酒吧和饭店都被禁止售卖酒品。
■ 在泰国，不一定要给小费，不过很多顶级酒店都会加收10%的服务费。多数日常服务机构不会加收服务费，但和世界其他许多地方一样，给点小费还是非常受欢迎的。

各类顶级餐馆

■ 咖喱餐厅：Hinlay Curry House（➤P142）
■ 高档豪华餐厅：Smooth Curry（➤P85）
■ 伊森美食：Vientiane Kitchen（➤P86）
■ 观海景餐厅：Old Siam（➤P223）
■ 海鲜餐厅：Captain's Choice（➤P190）
■ 地道泰国美食：Spice Market（➤P85）
■ 泰国传统用餐环境：Sala Thai（➤P223）
■ 另类餐厅：Cabbages and Condoms（➤P84）
■ 越南美食：Le Dalat（➤P84）
■ 观光餐厅：Border View（➤P143）

餐饮费用

每餐人均3道菜的价格（不包括酒水和服务费）：

- 300泰铢以下 ฿
- 300泰铢~600泰铢 ฿฿
- 600泰铢以上 ฿฿฿

购物

泰国不仅是亚洲的购物天堂，也是购买世界各地精美有趣的古董和手工艺品的天堂。泰国北部，尤其是清迈，是泰国当地手工艺品中心，从精致华美的漆器盘子、花瓶，到山地部落生产的绣花布包和纺织品，以及珠宝，一应俱全。在泰国，还可以买到很多泰国特有的手工艺品，例如青瓷（半透明的中国瓷器，呈灰绿色）、黑金制品（一种由银、铜，有时也会加入铅制成的合金容器，雕饰有各种图案），还有藤编织品和纯锡制品。

市场

- 在泰国，每个村庄、城镇、大城市每周至少有一个生鲜农产品集市。这种集市不是每天都有的。
- 对泰国人来说，生鲜农产品集市已成为他们购买日常食物不可或缺的一部分。游客可以来此随处逛逛，感受一下这里的氛围。
- 许多大型市场有专门的干货摊位，清迈（➤P120～122）的瓦洛洛市场里面的干货就非常值得称道。
- 曼谷恰吐恰克周末市场（➤P73）规模庞大，各种货物一应俱全，从宠物到烟枪，从盆盆罐罐到各种草药，没有你找不到的货物。在这里，你还能找到乐器、山地部落的手工艺品、宗教护身符、古董、鲜花、露营器材，以及从印度和尼泊尔进口的服装。
- 虽然泰国每个地区都有自己的特产、手工艺品和农产品，但曼谷云集了全国各地的产品，而且市场和商场售卖的商品的价格在全国也是最实惠的。

付款

- 路边摊只接受现金。
- 许多商场接受信用卡消费，但要收取3%～5%的附加手续费。
- 工艺品和古董店通常有包装、运送服务，并会提供证明材料，一般价格都非常合理。

古董和佛像

在泰国，无许可证偷运珍贵古董出境是违法行为。受这一规定的影响，泰国工匠复制了大量可以以假乱真的古董赝品。

讨价还价

- 泰国人喜欢讲价，热衷于在一些小店里和个人摊位讨价还价，这种情况在曼谷、清迈和普吉岛尤为普遍。
- 对于超市、商场里的定价商品，就不适合讲价了。但在市场和纪念品店里可以讲价。

■讲价时一般是给出原价格一半的价格，然后一点点加价，直到一个中间价位，也就是说通常你可以获得25%～30%的优惠。

■讲价的窍门是态度要友好，气氛愉悦——但一定要使劲讲价，并做出一副随时要走的架势，不管何时都要面带微笑。当你要走的时候，很可能就会被叫回来——这时也要面带微笑。

营业时间

■多数商店一周营业7天，每天9:00—17:30。

■大多数便利店会一直营业到21点。在曼谷、清迈和许多度假胜地，7-Eleven连锁店通常24小时营业。

■商场营业时间一般是10:00—21:00（22:00）。

■在一些大城市，有的药店会24小时营业。

■早市一般很早营业，凌晨3点就开始，多数在上午8点就结束；其他集市通常一直过了中午才会结束。

最佳购物场所

■青瓷：宋加洛（➤P114）

■工艺品：Baw Sang Village（➤P144）

■商场：中央购物中心（Central World）（➤P87）

■纺织品：Ban Boran Textiles（➤P224）

■家具：Baanboonpitak （➤P224）

■山地部落手工艺品：山地部落产品促销中心（➤P144）

■集市：恰吐恰克周末市场（➤P73），瓦洛洛市场（➤P144），清迈夜市（➤P144），周日步行街市场（➤P144）

■珍珠：Pearl Centre（➤P224）

■沙龙：Sathorn Gold and Textile Museum（➤P114）

■丝绸：吉姆·汤普森丝绸店（➤P87）

■银器：Lumchad Ancient Silver（➤P114）

■木雕：Luukmai Gallery（➤P164）

泰国海鲜餐厅夜景

娱乐

泰国是名闻世界的度假胜地，在这里，有数不胜数的娱乐活动等待你去体验。你可以去酒吧开怀畅饮，欣赏现场音乐表演；也可以参加徒步旅行，穿越丛林；还可以来到海边，体验惊险刺激的水上运动；或者来到拳击场馆，看一场酣畅淋漓的拳击比赛……在尽情游玩之后，再找一家按摩馆，享受一下正宗的泰式按摩服务，给身体来一场彻底的放松。

旅游杂志

■在曼谷，*BK*杂志和《曼谷101》杂志提供了各种娱乐指南。

■在清迈，《城市生活》杂志刊登了各种娱乐活动信息，对游客非常有用。

■泰国几乎每个府都设有旅游局办事处，为游客提供各种信息，游客也可以登录泰国官方旅游网站（@www.tourismthailand.org），查询各种信息。

■泰国主要景点的酒吧、旅馆和饭店，都提供免费的游玩小册子。

节假日

■泰国一年中有很多节假日和宗教盛事。尤其是10月末到次年4月更是节日和庆典扎堆的时节。节假日日期每年都会有变化，具体详情需咨询泰国旅游局，泰国各旅游杂志上也会有实时报道。

■泰国最重要的全国性节假日就是宋干节（泰国传统的新年，➤P40），以及每年11月月圆之夜的水灯节（➤P41）。

夜生活

■泰国夜生活一直极富传奇色彩，但实际上并不像大家所认为的那样，到处充斥着色情交易。泰国人对待夜生活非常认真，他们最常做的就是品尝美食、喝酒和跳舞。

■绝大多数酒吧会在下午晚些时候或者傍晚时分开始营业。根据现行法律，酒吧和舞厅必须在13点或者14点停止营业，具体时间取决于它们的地理位置。

■在泰国，曼谷的夜生活最为绚丽多彩。另外，芭堤雅（➤P164）、普吉岛（➤P224）、苏梅岛（➤P193）和清迈（➤P144）也有很多不错的夜总会和酒吧。

■泰国各地都有现场的音乐表演，但通常都是泰国音乐，或者是泰语翻唱的西方流行音乐。

户外活动

■泰国北部盛行徒步旅行（➤P35，P131～133和P144），参观各个山地部落。

■山地骑行、激流漂流和攀岩（➤P35～37，P204）都是不错的体验，在泰国各地都有这样的活动。

■泰国南部，尤其是安达曼海沿岸，是潜水和浮潜的好去处。斯米兰岛（➤P213）周边被誉为世界最佳潜水地点之一。

■一些沿海的旅游胜地，例如普吉岛（➤P201～202）、苏梅群岛（➤P171～175）、华欣（➤P176～177）和芭堤雅（➤P151～152），有各种各样的水上运动设施，包括帆板冲浪、帆伞和帆船等。

体育运动

■泰拳，又称泰式自由搏击，是泰国的民族运动，以力量与敏捷著称。这是一项残酷的运动。实际上，除了头部，身体的任何部位都可以用来攻击对手。运用人体的拳、腿、膝、肘进行攻击，攻击力猛锐。这些运动技巧性强，具有很强的娱乐性。泰拳的训练相当艰苦，拳手通常从小时候开始培养，包括体能、重量、反应、技巧的训练等。泰拳是一门民族艺术，与泰国传统文化关系密切，具有浓厚的宗教色彩。泰拳中的入门拜师、竞技礼节及拳舞仪式等，都有宗教艺术背景。泰国的古典诗剧和舞蹈艺术，其中有很多动作和细节被融会于拳术之中。

■热门拳击场馆主要有蓝毗尼拳击馆（✉Thanon Rama Ⅳ ☎0 2251 4303 @www.muaythailumpini.com）和拉查达蒙拳击馆（✉1 Thanon Ratchadamnoen Nok，Bangkok ☎0 2281 4205）。

■虽然泰拳是泰国的民族运动，但在泰国最受欢迎的依然是足球。

休闲

■泰式按摩是流行于泰国的一种按摩方式，可以放松肌肉，消除疲劳，有益健康。按摩师从足部向心脏方向进行按摩，手法包括按、摸、拉、拽、揉、捏等动作，左右手交替，用力柔和，速度适中。

■推荐卧佛寺里的传统泰式按摩学校，这里的服务质量比较有保障，而且靠近大皇宫，参观完景点后来这里放松非常不错。另外一家按摩店是Ruen-Nuad Massage Studio（✉42 Convent Road, Silom ☎0 2632 2662 ⏲10:00—21:00）。Lila Thai Massage（✉86-88 Ratchadamnoen Road Prasingh Maung Chiang Mai ☎0 5332 7243 @www.chiangmaithaimassage.com ⏲10:00—22:00）是清迈最出名的一家按摩店，去之前最好提前预约。

泰国浮潜

曼谷

地区概要

多数外国游客来泰国旅游会先抵达泰国的首都——曼谷，这是一个充满激情的城市。这座现代化大都市，不仅是泰国欣欣向荣的经济中心，摩天大楼鳞次栉比，同时也是历史古都，备受爱戴的皇室家族久居于此。此外，这里佛教气息浓厚。在曼谷，既有臭名昭著的帕蓬街红灯区，也有自助旅行者心中的圣地——考山路，这一切都让曼谷扬名世界。泰国人将曼谷称为“天使之城”，闪闪发光的宫殿、辉煌壮观的寺庙、巨大的金色佛像……一切都那么神圣。

三轮嘟嘟车疯狂地穿行在喧闹拥挤的街道上，路边摊贩烹制着精美的菜肴。在浩荡的昭披耶河上，搭乘一艘长尾船，或者乘坐豪华的柚木驳船，同样可以闹中取静，享受宁静。或者乘坐有空调的轻轨，在高空中急速掠过拥挤的街道。单行线运行的地铁系统（MRT），从曼谷主要车站华南蓬（Hua Lamphong）出发，一直通向北边的公交总站——邦素（Bang Sue）车站。几乎在所有的景点和酒店集中的地方都有站点：拉玛四世路（Rama Ⅳ），是隆路（Silom），素坤逸大街（Sukhumvit）和亚索路（Asok）以及恰吐恰克周末市场。

繁复的运河网络让曼谷赢得了“东方威尼斯”的美誉，沿着运河，探访小巷里的中国城。很多英国作家曾到过这里，例如约瑟夫·康拉德、格雷厄姆·格林，循着他们的足迹，一路闲逛，累了可以在世界顶级的豪华酒店——文华东方酒店（Mandarin Oriental）喝喝茶，然后尽情享受购物的乐趣。从规模庞大的恰吐恰克周末市场到购物中心，参观拥有大量珍宝的国家博物馆，了解泰国历史和皇室家族。

曼谷玉佛寺中守卫寺庙、装饰华丽的雕像

必游之地

其他好去处

寺庙
博物馆
徒步
休闲娱乐
8
Vimanmek Teak Palace
五世皇柚木行宫
Chatuchak Market
恰吐恰克周末市场
5
Suansat Dusit
Chitralada Palace
Thanon Sri Ayutthaya
Thanon Ratchadamnoen Nok
Thanon Phitsanulok
Phayathai Bangkhlo Expressway
Thanon Nakhon Sawan
Thanon Lan Luang
Thanon Sri Ayutthaya
Thanon Petchaburi
Thanon Bamrung Muang
Thanon Worachak
Thanon Krung Kasem
9
Jim Thompson's House
吉姆 · 汤普森故居
Thanon Rama I
3
Siam Square
暹罗广场
Thanon Charoen Krung
Thanon Yaowarat
atown
国城
Thanon Banthat Thong
Thanon Phayathai
Thanon Henri Dunant
Thanon Ratchadamri
4
Chao Phraya River
昭披耶河
Thanon Rama IV
Lumpini Park
Thanon Si Phraya
Phayathai Bangkh b Expressway
Thanon Charoen Krung
10
Patpong
帕蓬街
Thanon Surawong
Thanon Silom
0
1 km
0
0,5 mi

4日行程推荐

如果你还没有确定行程，这里的4日游行程推荐也许会对你有所帮助，让你畅游曼谷。

第1日

大皇宫 → 昭披耶河 → 卧佛寺 → 帕蓬街

上午

早上早点起床，避开人流高峰，参观❶大皇宫（➤P64～66），大皇宫在早上8点半开门。参观完大皇宫，在附近找一家咖啡店享用午餐。然后在大皇宫门口处向左转，就是那帕兰路（Na Phralan），路过泰国艺术大学（Silpakorn University），穿过玛哈泰路（Mahathat）就到了❹昭披耶河（➤P71～72）上的塔昌码头（Tha Chang Pier）。

大皇宫

国家博物馆内景

下午

乘坐昭披耶河上的水上巴士前往大殿码头（Tha Tien），然后去❷卧佛寺（➤P67～68），用一个小时参观卧佛寺，再用一个小时享受一下传统泰式按摩，就可以结束这里的旅程了。卧佛寺的传统泰式按摩享誉全球。

晚上

离开卧佛寺，搭乘嘟嘟车去❿帕蓬街（➤P76），看看传说中的红灯区，这里的夜生活丰富多彩，一片繁华景象，酒吧林立。

第2日

国家博物馆 → 中国城

上午

这一天可以从参观❻国家博物馆（➤P74）开始，参观可能需要你花上几个小时。结束后找一家简单舒适的咖啡馆来杯咖啡，休息一下。之后从那帕塔路口（Na Phra That）出来右转，在第一个路口再右转，进入帕昌路（Phra Chan），在这条路的尽头，有一个水上巴士站：帕昌站。这段路你可以选择步行，也可以乘出租车。如果你想继续游玩，可以去塔玛哈拉特（Maharat）码头，沿河的路边有很多饭店，你可以在这里解决午饭，享受一顿美食。

中国城

下午

乘坐昭披耶河上的水上巴士去⑪中国城（➤P77），简单快捷，在Tha Rachawong站下船后，步行不到10分钟就可到达。漫步在一条条狭窄的小巷间，或者沿着徒步游路线（➤P78~80），探索隐藏在迷宫深处的一座座寺庙。

第3日

恰吐恰克周末市场/考山路

如果这天凑巧是周六或者周日，建议你去❺恰吐恰克周末市场（➤P73）逛一天，你可以买些东西，单纯看看也很有意思，这里奇特的商品绝对会让你眼花缭乱，从传统的乐器到泰国斗鱼，应有尽有。午餐你可以在“梦幻区”（Dream Section）找家有空调的饭店。如果你是工作日来这里，那么可以去❼考山路（➤P75），观看街头马戏表演，感受现场活跃的气氛。

第4日

暹罗广场→四面佛→伊势丹

上午

❸暹罗广场（➤P69~72）可以成为你的起点，这里有一流的服装店。最值得一逛的，是泰国特色馆，在这里可以购买泰国精油、香熏、泰丝等手信。在暹罗广场吃饱喝足后，步行10分钟左右，就可以去祭拜据说是泰国最灵验的四面佛。

下午

从四面佛乘车20分钟左右，可来到伊势丹（Isetan），这里有吉姆·汤普森的分店，它是泰国最有名的丝绸品牌，可定制裙子、西装等。也可先去参观❾吉姆·汤普森故居（➤P76）除此以外，伊势丹的商场汇集了亚洲人喜欢的品牌，也有包括香奈儿在内的国际顶级品牌，你可以在这里尽享购物乐趣。

夕阳中的大皇宫

小贴士

Siam Paragon

991 Rama 1 Road, Pathumwan, Bangkok 0 2610 8000

10:00—22:00 @www.siamparagon.co.th

Siam Center

Siam Tower, Rama 1 Road Pathumwan, Bangkok 0 2658 1000

@www.siamcenter.co.th

Siam Discovery

0 2658 1000 @www.siamdiscoverycenter.co.th

MBK Center

444 Phayathai Road, Pathumwan, Bangkok

0 2620 9000 @www.mbk-center.co.th

Siam Square

@www.siam-square.com

必游之地

1 大皇宫 玉佛寺 ❶

作为美丽和宁静的完美结合，金碧辉煌的大皇宫彰显了皇家的荣耀，绝对是游客曼谷旅途首站的最佳去处。在泰国，有两大主题贯穿泰国人生活的方方面面，即皇室和宗教。大皇宫对这两个主题给出了最精辟的注解。大皇宫位于曼谷市中心，泰国的很多重要佛像都坐落在这里。

大皇宫占地24万平方米，游览完这座皇家建筑群的主要景点，至少需要几个小时。虽然需要走很远的路，排队也会耗去很长的时间，但是这个地方还是值得你细细游览的。门票包括一本小册子，不太容易读懂，讲解也不够详细，但上面有一张标明主要景点的地图，有助于你游览，随时知道自己身处哪里。

整座建筑群由100多座建筑构成，包括宫殿、大厅、亭阁和寺庙等，雕饰精美的尖顶和廊柱，把维多利亚时期、意大利文艺复兴时期以及其他建筑风格巧妙地结合在了一起。大皇宫建于200多年前。复合墙体内的精美壁画描述了《拉玛坚》的故事，壁画最早可追溯到拉玛一世时期，后经修复。

玉佛寺是一座皇家庙宇，最著名的景点就是玉佛。实际上，玉佛是

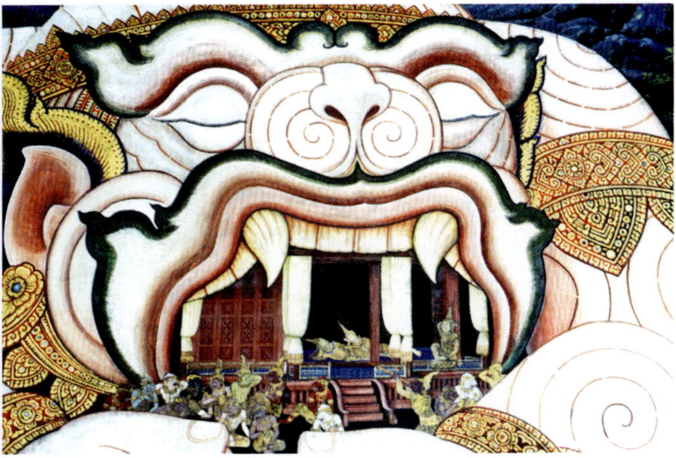

玉佛寺内皇家礼堂的装饰壁画

由翡翠雕刻而成，不是玉石，身高只有60厘米，高踞在金山上，游人很难看清。玉佛是泰国最神圣也是最受崇敬的佛像，但佛像是什么时候制成的，一直是个谜。据记载，其起源至少可追溯到15世纪。

寺庙周围

寺庙北部的一排建筑分别是金色的帕西雷达纳舍利塔（Phra Si Ratana）、佛教藏经阁（Phra Mondop，不对公众开放），以及皇家祖庙碧隆天神殿（Prasad Phra Thep Bidom）。在寺庙建筑群外围的南面，是一个觐见大厅（Audience Hall），这座不起眼的建筑曾经是人民向国王请愿的场所。现在这里仍然是国王加冕的地方，新国王加冕后的第一夜必须留在这里。现任国王普密蓬就是在这个大厅发表生日演讲的。

大皇宫只是偶尔举办皇家庆典

皇族成员休憩的地方

西边的建筑是节基殿（Chakri-Mahasprasad Hall），曾经是国王的后宫所在。虽然是英国人设计的，但应一些爱国老臣的要求，还是增加了很多具有民族特色的暹罗塔式建筑。为了避免过于西化，在所有尖塔中间，最高的一座里面安放着历代国王的灵骨，周围相对矮一些的，安放的是亲王的骨灰。

再往西是律实殿（Dusit Hall），是为皇室成员举行葬礼的地方，大城府（➤P94～96）有一座建筑就是仿照律实殿建造的。

结束游览前，你可以去玉佛寺博物馆（➤P66）看看，那里存放了大量献给玉佛的贡品。

放松一下

玉佛寺博物馆附近的小饭馆里，通常人不多，在宽敞的木质阳台上，喝一杯冰镇椰子汁，休息一下。

✉ Naphralan Road ☎ 0 2222 8181，0 2222 0094

@ www.palaces.thai.net 🕒 8:30—16:30 ¥ 400 泰铢 🚌 8 路，12 路

玉佛寺庙宇前的金佛像

小贴士

- 参观大皇宫和玉佛寺，最好的时间是早上，天还没热且人流稀少。
- 最好穿着正式服装，不要穿短袖、短裤、纱笼、迷你裙、拖鞋，也不要露出胳膊或者腿，否则会被视为不敬，不允许入内。你可以在入口处的办事处借到合适的服装进入。
- 要想深入了解建筑的历史，可以参加有英语导游讲解的参观团（10:00—14:00，每天4次，每人100泰铢）。也可以租用电子讲解器和耳机，租用时需要抵押信用卡或者护照。
- 拿着门票还可以参观五世皇柚木行宫（Vimanmek Teak Palace，➤P75）、泰国皇家雕饰和钱币博物馆。
- 很多游客都会错过一个地方，那就是玉佛寺博物馆。这座博物馆隐藏在建筑群对面的尽头。虽然你可能对里面的展品不感兴趣，但这里无异于喧闹浮华中的一片绿洲，远离大皇宫拥挤的人群，让你寻求到片刻的宁静。赤脚走在光滑的木地板上，周围堆满了献给玉佛的礼物。这些可爱的礼物，有来自欧洲的瓷器、镶嵌珍珠的皇室座椅、装有色彩明亮的佛像的柜子，以及各种用于维修的工具。

2 卧佛寺 ❷

卧佛寺不仅是泰国最高级别的皇家寺院，也是曼谷最大、最古老的寺院。这里供奉着泰国最长的卧佛。拉玛一世和三世都曾招揽全国最好的工匠来修建这座围墙建筑群。

作为泰国首个教育和艺术中心，时至今日，卧佛寺依然在发挥着它的作用，充满了生机和活力。寺中各式尖塔、佛塔和舍利塔林立，按摩师、占星家以及学生活动其中。卧佛寺内景色优美，树木繁茂，有瀑布、假山，以及用石头雕刻的各式动物。

最有趣的景点都集中在了寺院的北部。从Thai Wong路的入口进入，首先参观的就是卧佛寺中的巨大卧佛。卧佛长46米，看起来像是被硬挤进寺院一样，佛像周身覆盖闪闪发光的金箔，侧卧的身子代表着涅槃往生。绕着卧佛行走，走到脚趾处时你会发现，卧佛脚底上有用珍珠贝母镶嵌出的108个图案。卧佛寺周围墙上雕有精美的壁画，游客可以花时间认真欣赏。

从进来的门出去，走过右手边的瀑布，穿过两尊巨大的石雕神像之后，就会在左手边看到聚集着的占卜者，还有一个卖纪念品和食品的小店。

周身覆盖金箔的卧佛

一名身着橙色袈裟的僧侣走在阳光明媚的寺院中，手中的橙色伞和袈裟相得益彰

向右转，你会发现4座高耸的佛塔，塔上镶嵌着釉面瓷砖和锦砖。这四座塔是为了纪念却克里王朝（建于1782年）最初的4位先王。

左边是坐落在寺院正中间的Phra Uposatha主礼拜堂，周围环绕着大理石围墙，墙上雕刻着自然风光，共有8扇护卫门。扶手栏杆上雕刻了152幅浮雕，讲述了印度史诗《罗摩衍那》的故事（该史诗在印度被教徒尊为圣典）。这些都是从大城府的遗迹中保存下来的，它们的拓片在寺庙和泰国各地都有销售。绕着回廊步行，走到回廊1/4处，有一个入口可以通向Contorted Hermit山，山上是一座座隐士石雕像，他们有的在向人们讲述疾病知识，有的在教授人们按摩方法。内部是正在冥想的坐佛（➤P27）。回廊四面墙上的玻璃框内陈列着数百尊金箔佛像和很多禅诗。

寺院的最南边是一所按摩学校，这里是泰国泰式按摩和医药中心。如果你想体验一次传统的泰式按摩，这里绝对是最佳选择。在传统泰式按摩中，顾客一般可以穿着衣服，而且无须预约。

放松一下

在寺庙院中有一家小吃店，可以在这里买杯冷饮，休息一下。

✉ Sanam Chai Road and Maharaj Road

☎ 0 2225 9595 @ www.watpho.com ⏲ 8:00—17:00 ¥ 50 泰铢

🚌 8 路，9 路，25 路

小贴士

- 虽然在进入卧佛寺时可以选择借一件斗篷遮住身体，但参观卧佛时，还是建议穿长袖衣服，以示尊敬。
- 游客请保持安静，有礼貌地参观。
- 卧佛寺内和门口销售的旅游指南设计精美，里面的地图非常实用，讲解也都非常生动。
- 在12点到13点之间，任何人都不许进入。
- 如果没时间，鳄鱼池和钟塔可以忽略。

3 暹罗广场 ❸

暹罗广场（Siam Square）建于1965年，位于曼谷市中心，是泰国最知名的购物中心。这里交通便利，是轻轨的换乘站。Siam站与Chitlom站之间设有人行天桥，将周围的商场连接起来，使这里成为时尚、豪华、热闹的购物中心。

暹罗广场没有我们认知中的广场那么大，几乎找不到一块很大的空地，南北贯通的小巷和东西走向的街道，把它分割成为很多小块。广场中有一片小小的空地，经常临时搭建舞台，举办各种表演和小型音乐会，吸引很多年轻人和游客驻足欣赏。

周围店铺林立，既有大型购物中心，也有各种国际连锁店、书店、酒吧和沿街店铺等，是年轻、前卫的潮人聚集地，也是游客观光购物的最佳场所。不同消费水平的顾客，都可以在这里买到心仪的东西，不论是国际一线品牌商品，还是物美价廉的小玩意儿。要逛完这一片，至少需要一天的时间。

从轻轨Siam站出来就是Siam Center，两旁分别是Siam Discovery和Siam Paragon，对面就是暹罗广场，过马路就是曼谷地标性建筑之一——群桥商业中心（MBK），这里经常有大幅折扣活动。Siam Paragon、Siam Center和Siam Discovery 3个购物中心之间有空中走廊连通，非常

MBK——曼谷的地标性建筑之一

泰国香火最旺的佛像之一——四面佛

便利。Siam Paragon主营一线品牌，Siam Center则以时尚潮牌和运动品牌为主。

逛得疲惫时，可以到MBK的6层或Siam Paragon的地下，那里都有大型美食广场，你可以品尝到世界各地的美食，也可以找间咖啡店休息一下。想放松的话，MBK的7楼有家电影院，Siam Discovery也设有4D影院。Siam Paragon地下一层和二层的暹罗海洋世界（Siam Ocean World）也值得一逛，它是东南亚最大的海洋馆，拥有400余种3万多只海洋生物。当你在让人眼花缭乱的购物中心逛得疲惫时，可以来这里感受一下海洋世界的神奇与奥妙。

从Siam Paragon出来，继续往东就可以看到著名的四面佛了，它位于Ratchadamri路和Phloen Chit路交界处的凯悦大酒店楼下，在Sogo百货公司的前面，街对角即是暹罗广场世界贸易中心。这尊四面佛，人称“有求必应”佛，是泰国香火最旺的佛像之一。该佛的四尊佛面，分别代表慈、悲、喜、舍4种梵心，亦说代表爱情、事业、健康与财运。据说非常灵验，所以来这里参拜的人络绎不绝。四面佛所在路口对面两侧分别是Central World Plaza、Zen百货、Isedan百货和奢侈品商场Gaysorn Plaza及大超市Big C，也都是非常大的购物中心。

4 昭披耶河 ❹

号称“河中之王”的昭披耶河，浩浩荡荡的水流逶迤穿过曼谷市区，为城市增添了壮丽景观。除了昭披耶河，曼谷运河众多，这为曼谷赢得了“东方威尼斯”的美称。河上是绚丽多彩的水上市场，河岸边是各式豪华宾馆和古老寺庙。昭披耶河流经很多著名皇家景点，形成了一条“皇家游路线”，从国家博物馆、大皇宫到卧佛寺，再到郑王庙，沿途每个景点都有停靠码头，非常便利。

昭披耶河上的长尾船正驶过郑王庙

昭披耶河上有两条船务运输线，分别是非常拥挤但很便宜的公共交通线路和昭披耶河水上巴士公司的旅游线路（➤P72），水上巴士的票价为一天150泰铢，你可以

在任何码头上下船。每艘船上都有导游讲解沿途景点。工业拖船、运载稻米的驳船以及长尾船（一种狭窄的船只，杆上或者船尾带有大功率发动机）嗡嗡地穿行在河道上，行驶缓慢的渡船在河岸间曲折前进。

你也可以在大皇宫附近的塔昌码头租一艘长尾船环河游览，一个小时大概需要400泰铢。沿途会经过皇家龙舟博物馆（Royal Barge Museum）、郑王庙（Wat Arun ⏲7:30—17:30），如果你想参观其中任何一个景点，需要提前做好安排。船主可能会随时停船帮你从其他船只上买烤肉串，甚至会带你看一只潜行的大蜥蜴。但要注意，这种游船都不是正规的。

下了船，游客可以一边放松身心，一边欣赏岸边风景，运河边上的普通人家、高端大气的庭院、驶过绿树成荫的堤岸游船，以及装饰花环的五彩船只，后花园中星罗棋布的众多庙宇也依稀可见。

夜色降临时，波光粼粼的河面倒映出岸上各色灯饰的璀璨灯光。欣赏郑王庙的灯光和世界上最长的单跨悬浮桥——拉玛九世桥，让夜游昭披耶河成为你最佳的选择。

放松一下

傍晚时分，岸边很多酒店都是不错的选择，例如文华东方酒店（➤P76）和Marriott Resort and Spa（@www.marriott.co.uk/bangkok）等在晚间都提供晚餐，或者你也可参加它们夜间在邮轮上举办的鸡尾酒会。

小贴士

- 昭披耶河上有两条游河路线，固定时间发船的公共服务船只相对便宜一些。
- 公共服务船只大约15分钟一趟，但非常拥挤。
- 自由上下船的昭披耶河水上巴士（☎0 2866 3163 @www.chaophrayaexpressboat.com）从早上9:30开始运营，一直到16点。大多数船上配有导游。随船票赠送一张昭披耶河及周边景点的地图。
- 长尾船运营者也招揽顾客，尤其是在Saphan Taksin轻轨站到Phra Athit码头之间。有时他们的要价高得离谱，因此一定要狠狠地讲价。

5 恰吐恰克周末市场 5

这个市场规模宏大，摊位超过15 000个，聚集了各种有趣的事物，从斗鸡、贵宾犬美容，到高大的植物、各种假花，各式商品一应俱全。这里是泰国购物狂们的天堂，最适合周末出行。漫步在市场中，你会看到很多八九十岁的小提琴手、年轻的街头艺人，以及寻找最新室内装饰的当地人。

在恰吐恰克周末市场，当地人和游客闲逛、交易、讨价还价

早上9点前到达市场，可以避开人流高峰。如果你热衷于购物，那么很多纪念品商店出售曼谷南希・钱德勒地图，上面有对各个摊位的详细介绍。市中心的钟楼是一个非常受欢迎的集合地点。

商品按照不同类别被放在不同的区域出售，每个区域都独具特色。“梦幻区”（Dream Section，有一个大的指示牌）主要有卫浴店、饭店、高档家居用品店、服装店等。如果你厌倦了当地喧闹的气氛，这里也有一些摊位销售廉价的生活用品、二手服装、传统瓷器、古董和酸奶沙冰。不管你喜欢藤编产品、漂浮蜡烛，还是紧盯着千奇百怪、应有尽有的宠物区，记住一定要讲价，同时切记，讲价时一定要有礼貌。

放松一下

市场中吃饭的地方在梦幻区，这里有很多小饭馆，而且多数都有空调。

✉ Thanon Phahonyothin @ www.chatuchak.org

◷ 周三—周日：6:00—18:00（周三—周四：植物；周五：批发；周六—周日：杂货）¥ 免费 🚆 Mo Chit，Chatuchak Park

其他好去处

国家博物馆中的普泰赛湾寺中供奉着普拉辛佛像

国家博物馆 6

这里的前身是一座宫殿，宽阔的草坪、独立的建筑让它非常受欢迎。购买门票时还有一张随票赠送的游览地图。博物馆入口处附近的第一个房间里放置了一辆壮观的葬礼用战车，其豪华程度绝不是西方皇室所使用的四轮马车可以比拟的。这辆车最辉煌的时代可以追溯到18世纪晚期，一直到1985年，拉玛七世的王后仍在使用这辆车。这个房间隔壁是一家小餐馆，虽然价格有点高，但比起离开博物馆，再去码头的路边匆忙解决一顿，这里可以让你更从容。

拉玛一世的姐姐斯瑞·拉米娅王后曾生活过的红房子不能错过。博物馆中其他值得一看的有大象军械库、大皇宫剧院上演的精选剧目和游戏室。一定要参观普泰赛湾寺（Buddhaisawan Chapel），这里供奉着备受尊敬的普拉辛佛像，里面还有200多年历史的精美壁画。

此外，也可以参观一下附近的国家美术馆，里面珍藏了很多有趣的泰国艺术品。在周三和周四的上午9点半有英语讲解服务，会详细介绍博物馆的方方面面，非常值得一听。

- Thanon Naphrathat
- 0 2224 1333
- www.nationalmuseums.finearts.go.th
- 周三—周日：9:00—16:00
- 3 路，6 路，38 路
- 200 泰铢
- Tha Chang

国家美术馆

- 4 Thanon Chao Fa
- 0 2282 2639
- www.nationalgallery.go.th
- 周三—周四：9:00—16:00
- 200 泰铢
- 6 路，30 路，32 路
- Tha Chang

考山路 7

考山路上的街头艺人表演吸引了世界各地的游客。不足1千米长的狭长街道上满是卖衣服、食物和纪念品的摊位。迷宫般的街道上随处可见的廉价旅馆，让这里显得更加拥挤。

这里总是挤满了穷游的年轻背包客，充满活力，氛围友好，是在曼谷疯狂玩乐后可以放松身心的地方。

在这里，你可以品尝一顿英式早餐，看一部好莱坞电影，还可以买到英文或者其他语种的原版书。这里是全泰国上网最便宜的地方。这里的旅行社竞争也是最激烈的。每到夜幕降临，音乐响起，整条街便会亮起耀眼的霓虹灯。游客可以在街上品尝香蕉和烤薄饼，但要注意躲开嘟嘟车和追着叫卖的小贩。

@ www.khaosanroad.com

Phra Arthit

五世皇柚木行宫 8

这座华丽的皇家官邸有80多间独立的房间，是世界上最大的黄金柚木建筑。这座建筑是由拉玛五世朱拉隆功在1868年建造的，一开始是建在西昌岛（Ko Si Chang），作为避暑行宫，后来在1910年被一点点地迁至此地。进入后，通常都有导游讲解，带你游览整个行宫。

行宫中有一座律实殿，专门用来收藏现任王后诗丽吉捐赠的艺术名品，和展示普密蓬国王的一些画像。每天的10点半到14点，这里有泰国传统舞蹈表演。参观行宫的着装要求和大皇宫的一样（➤P66）。

Thanon Ratchawithi

0 2628 6300/9

@ www.vimanmek.com

周二—周日：9:00—16:00（每隔30分钟有导游讲解，一直到15:15）

¥ 400泰铢（购买大皇宫门票可免费参观）

12路，515路

吉姆·汤普森故居，由6座柚木房屋组成

位于郁郁葱葱热带花园中的文华东方酒店

城市中的避暑胜地

曼谷虽然酷热难耐，但市内有几个地方清凉舒适，犹如沙漠中的绿洲，成为人们逃避酷暑的胜地。

昭披耶河（➤P71~72）

- 文华东方酒店右侧，可以在这里吃饭避暑。
- 蓝毗尼公园（Lumpini Park）被称为城市绿肺，非常受当地人欢迎，经常看到人们在湖上泛舟，或是在草地上野餐。早上7点左右来这里，你还会看到中国人在打太极。
- Central World（➤P87）8层的溜冰场也是避暑的好地方，你可以观看专业表演，也可以租滑冰鞋亲自下场滑一滑，当然也可以单纯地来这里纳凉避暑。

吉姆·汤普森故居 9

吉姆·汤普森是美国著名的建筑师、探险家和实业家，是侨居泰国最有名的外国人，他以一己之力让泰国古老的传统丝织技术得以复活。汤普森故居周围是一个热带花园和种满鲜花的庭院，这个在运河边上重建的建筑，实际一共包括6栋柚木房子（多数都有200多年的历史），里面摆满了各种古董。通过游览，你可以充分了解到他是如何严格遵循泰国传统建筑习俗的，甚至寻求占星师的帮助，占卜搬家的日期。1967年，吉姆·汤普森神秘消失在马来西亚的金马伦高原。一些阴谋论者认为他今天依然活着。有人说他被老虎吃了，也有人说他被美国情报部门暗杀了。最新的说法是他被一辆卡车撞了，然后被惊吓过度的司机埋了。

✉ 6 Soi Kasemsan 2，Thanon Rama Ⅰ

☎ 0 2216 7368

@ www.jimthompsonhouse.com

🕘 9:00—17:00（每隔45分钟有导游讲解，最后一次讲解截止时间为16:30）

🚆 Siam Square

¥ 100泰铢

帕蓬街 10

4条拥挤的小巷，构成了泰国声名狼藉的红灯区——帕蓬街，这里现代酒吧林立，到处充斥着色情表演，但这里的表演却让人感到悲凉，而不是情欲。如果你禁不住诱惑进入了一家酒吧，首先要看一下酒水的价格——你可能会被敲诈，付出几倍的价格。

帕蓬街是一个充满活力的地方，当地人善于社交，这里有一个非常有名的夜市，是游客们常去的地方。经常有人强行塞给游客一些卡片，上面详细介绍提供的各种性服务。这里也有很多不错的饭店和国际名牌商店，也不缺像肯德基和星巴克这样的快餐店。

Between Thanon Silom and Thanon Suriwong

www.patpong.org

Sala Daeng

53 路

中国城

中国城已经有200多年经贸往来的历史，在狭小且极具特色的街道上，到处都是外国进口的货物，一座座庙宇散布各处。这里非常适合四处闲逛、品尝美食、鉴赏庙宇等休闲活动。

三聘街（Sampeng Lane）是中国城的中心地带，和北部的印度市场一样，多数售卖针织品。

中国城里有很多寺庙，最有意思的要数Wat Leng Noi Yi。里面供奉的都是中国的神祇，庙里还有一个作坊，专门用纸制作汽车、冰箱或者其他家庭用品，根据中国传统，这些都是在葬礼上烧给去世的人的。

Tha Ratchawong

适合儿童游玩的地方

- 可以乘坐嘟嘟车、河上游船或者轻轨。
- 参观律实动物园（Dusit Zoo Thanon Ratwithi www.dusitzoo.org 8:00—18:00 100泰铢），里面有游乐场，也可以泛舟游湖。注意，周六一般人多拥挤，最好不要去。
- 如果你去参观五世皇柚木行宫（➤P75），可以带孩子参观大象博物馆，它就在行宫里。
- 参观蛇农场，观看给蛇挤毒液的现场表演（Thanon Rama I VandThanon Henri Dunant 0 2252 0161 周一—周五：8:30—16:30；周六—周日：8:30—12:00 100泰铢）。
- 在中国城展开一次寻宝之旅（➤P78～80）。

中国城内的景象

徒步旅行和自驾游

徒步中国城

坐落在石龙军路（Thanon Charoen Krung）和湄南河中间的中国城里尽是狭窄的巷弄。这里已经有200多年经贸往来的历史。除了神秘的寺庙外，沿街满是售卖异域农产品、黄金和中药材的商铺。不过，这里鱼龙混杂，街道凌乱，有些地方气味并不好闻。这里最佳的游览时间是15点左右。你可以逛到傍晚时刻，然后到Grand China Hotel的餐厅里点上一杯鸡尾酒，观赏一下华灯初上的曼谷，最后到小印度去品尝一下异域美食。每个周末，中国城内大部分商铺都会关门歇业，公交快艇也会早早停运，因此不建议周末时来此游览。

1—2

乘水上巴士到达港口Tha Ratchawong，沿路步行约300米，途中会经过摩托车速递集散中心和出租车停车场。绕过几家小吃商铺，在一块写着“Soi Wanit 1”的蓝色指示牌处右转，就来到了中国城的核心地带——三聘街。尽管这条狭窄的街巷只容得下两个人并肩而过，但丝毫没有阻碍载货的汽车和摩托车穿行其中。这里曾经是鸦片馆和赌场的聚集地，如今却成为各国游客最喜欢的商业中心，不少人还会慕名而来购买中国丝绸和电子游戏。

2—3

走过百年老店唐杜康金店，向前走两个街区，然后向左拐进入16号街（Soi 16）。街边堆满了大袋的米饼、茶叶和香菇，商铺里售卖着诸如鱼干、卤鸭、猪头肉和海马干等当地食物。

熙熙攘攘的中国城市场里，一个小贩挑着担子沿街叫卖

游览距离： 2.5千米（单程）
游览时间： 2~3小时（如果中途停下来做足疗按摩、品尝鸡尾酒或享用晚餐，时间则会更长）
起/终点： 水上巴士站（Tha Ratchawong/ThanonChak Phet）

放松一下

Grand China Hotel（✉215 Thanon Yaowarat ☎0 2224 9977 @www.grandchina.com）的25层有一家旋转餐厅（🕒17:00—1:00 ¥偏高）以及一家俱乐部酒吧，可供食客边用餐边俯瞰曼谷全景。点上一杯鸡尾酒，望着河岸灯火通明的佛寺和暹罗广场，无疑是一种无尽的享受。想要徒步逛完中国城的这一部分区域大约需要3个小时，所以不妨考虑在这里用餐，享用一下正宗的泰餐、寿司和各国美食料理。

龙莲寺

✉Thanon Charoen Krung ¥免费

锡克庙

✉Thanon Chakraphet ¥免费

走过耀华力路主街，左转进入石龙军路，然后向前走半个街区，右手边就是熙熙攘攘的龙莲寺（Wat Mangkon Kamalawat）。这座融合了佛教、儒教和道教元素的寺庙中，供奉着佛祖及各种中国古代名人的塑像。

平日里，龙莲寺里总是人声鼎沸，热闹非凡。信徒们或是捧着大把的香烛前来拜佛祈福，或是将纸币作为贡品挂在五彩缤纷的摇钱树上。而寺中的僧侣则负责售卖护身符，分发寺庙药师配制的药品。

3—4

出龙莲寺后向右转，然后在第一个路口左转，回到耀华力路的交叉

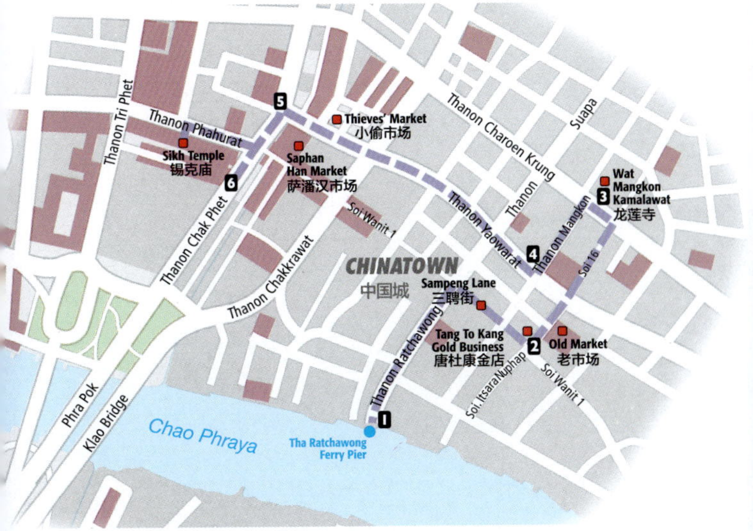

龙莲寺的佛教僧侣

路口，就能够看到老市场。虽然这里被称为“老市场”，但其实是一个现代化的综合商场。乘坐扶梯上楼，做一次专业的足底按摩或头颈按摩，让身心彻底放松。

安全提示

中国城的交通十分混乱，汽车、公交车、摩托车和嘟嘟车纵横穿梭，有时即使是经过人行道也不会减速。因此，行走其间一定要注意交通安全。在穿越马路之前，最好跟随当地人，以保证自身的安全。

4—5

向右转进入耀华力路主街，直走穿过卖电子商品和墨镜的店铺。走过5个街区后，在与波里帕路（Boriphat）的交叉口右边便是“小偷市场”。这个原来专门兜售赃物的市场，现在已经成为一个专卖古董的地方。

左手边是萨潘汉市场。这个昏暗的地下市场位于脏乱的通道旁，让人恍若置身狄更斯小说里的场景。如果你有兴趣，可以专门绕道来参观一下。或者，你可以跨过大桥，在主街交叉口处左转，进入查克拉皮街（Thanon Chakraphet）。

5—6

来到小印度，按照绿色指示牌找到锡克庙（据说是印度境外最大的锡克庙）。转回查克拉皮街，可以在沿街找到不少地道的印度餐厅和糕饼店。

当地特产

这里的土特产是在曼谷其他地区都没有的。售卖绿茶或茉莉花茶的土特产商铺里一般都会供奉着香烛和佛龛。这里有各式的点心、中式冰激凌或荔枝汁。沿街的中药铺可以为客人提供传统的舒压疗法。

宿食购娱

住宿

双人房预计消费：
2 000泰铢以下 ฿　2 000泰铢~5 000泰铢 ฿฿　5 000泰铢以上 ฿฿฿

Asia Bangkok Hotel ฿~฿฿

这家酒店毗邻 Siam Discovery Centre、暹罗广场和 Central World（➤ P87）。旗下包括一家桑拿馆、一家健身俱乐部、两个游泳池。客房装修典雅，配有各种现代化设施，还有大理石装饰的浴室。酒店之所以在众多价位适中的酒店中脱颖而出，是因为这里的越南餐厅、中餐厅和巴西餐厅风味独特，品种多样，为住客提供多种口味的选择。酒店正宗的巴西烤肉店，提供十分美味的里约烧烤，并供应肉串，在曼谷仅此一家。

✉ 296 Thanon Phayathai
☎ 0 2217 0808
@ www.asiahotel.co.th
🚉 Ratchathewi

Bangkok Loft Inn ฿

这家客栈已成为泰国传统住宿的新宠，精致的住宿环境掀起了曼谷传统住宿的风潮。虽然这家客栈不在热门旅游地区，但其服务一流，价格适中，交通便利，紧邻 Wongwian Yai 站。客栈房间内铺设实木地板，装有时尚的现代家具和免费的无线网络。此外，客栈客房干净整洁，还提供机场免费接机服务（但是你可能需要等候）。

✉ 55 Thanon Somdet Phra Chao Taksin
☎ 0 2862 0300
@ www.bangkokloftinn.com
🚉 Wongwian Yai

Beaufort Sukhothai ฿฿฿

这是一家豪华精品酒店，环境幽静，服务高档，其设计灵感源于泰国曾经的首都素可泰（➤ P97 ~ 99）的手工艺品。虽然地处曼谷繁华地段，酒店却能够闹中取静，自成一片宁静的绿洲。单间和套房都使用了泰国丝绸作为装饰，配有柚木家具和各种通常只能在博物馆里看到的手工艺品。从客房可俯瞰莲花池、幽静的庭院或者游泳池。宽敞的浴室内也铺着柚木地板。所有房间都有网络，酒店的商店中售卖泰国特有的绘画、雕塑和木雕制品。曼谷两家顶级饭店都位于素可泰酒店，即昂贵奢华的 Celadon（➤ P84）和意大利餐厅 La Scala。

✉ 13/3 Thanon Sathorn Tai
☎ 0 2287 0222
@ www.sukhothai.com
🚉 Sala Daeng（距离地铁站和轻轨站点有点远，最好打车）

Dusit Thani ฿฿

Dusit Thani 是曼谷第一家高层酒

店，地处是隆路繁华的商业区中心，毗邻夜生活活跃的帕蓬街（➤P76）。客房豪华漂亮，装饰多采用泰国丝绸和纺织品，并配以柚木家具。该酒店的餐厅非常有名，共有8家餐厅和两家酒吧。屋顶餐厅D'Sens是一家法式餐厅，在这里可以观赏到曼谷的轻轨线全貌。该酒店还配有一个游泳池、一家水疗馆、网球馆和附近的一家高尔夫球场，供住客使用。

✉946 Thanon Rama IV
☎0 2200 9999
@www.dusit.com
🚉Sala Daeng

The Eugenia ฿฿฿

该酒店位于素坤逸区中心地段，却非常幽静典雅，只有12个房间，可谓真正的精品酒店。它是一座19世纪殖民风格建筑，户外有摇曳的棕榈树，室内是铜制浴缸、四帷柱大床、老式的电灯开关……一切让人如重回殖民时期一般。酒店虽小，但设施齐全，这里有游泳池、普通餐馆、高级餐厅，并且提供下午茶，还有一家酒吧。酒店还提供机场接送服务，接送车通常是酒店的老式捷豹或者奔驰。

✉267 Soi Sukhumvit 31
☎0 2259 9011
@www.theeugenia.com
🚉Sukhumvit

Four Seasons ฿฿฿

从神话般的门厅，到典雅的客房，酒店的每一处无不流露着尊贵和古老的东方魅力。在这里品下午茶绝对是不可错过的完美享受。这里有3家顶级饭店——Spice Market（泰国菜➤P85）、Biscotti（意大利菜）以及Shintaro（日本料理），都汇集在酒店内。这里的娱乐活动大多是有氧运动，像交际舞、瑜伽，还有一家不错的水疗馆。该酒店地处曼谷市中心，对面就是曼谷皇家运动俱乐部（Royal Bangkok Sports Club），而且离Central World（➤P87）很近，参观曼谷最著名的宗教圣地四面佛神龛也非常便利（➤P70）。

✉155 Thanon Ratchadamri
☎0 2126 8866
@www.fourseasons.com
🚉Chit Lom
🚉Ratchadamri

Shangri-La ฿฿฿

酒店位于湄南河畔，宏伟壮观，是曼谷的地标性建筑。该酒店多次被评为世界顶级酒店。这里有泰国最好的水疗馆，可享受到贴心周到的服务。酒店提供各色美食，从传统的泰式佳肴到亚洲美食，应有尽有。还可以登上酒店的私人游艇享用自助美食，或在Angelini品尝意大利膳食，或在香宫体味中式小菜。大厅酒廊供应下午茶（三明治、蛋糕和茶）。酒店房间宽敞，可以俯瞰河上的繁华景象。经受过曼谷街头的拥挤之后，酒店的园林花园无疑是休憩的理想场所。

✉89 Soi Wat Suan Plu，New Road，Bangrak
☎0 2236 7777
@www.shangri-la.com
🚉Saphan Taksin

Sukhumvit 11 ฿

如果要说廉价酒店，没有哪家能够和这家酒店相比，既便宜又舒适。酒店隐藏在素坤逸大街 11 巷里，就在 Ambassador Hotel 对面，既有合租房间，也有单间。酒店只有四层，没有电梯。如果想住这里，一定要提前预订，因为这里的客房相当受欢迎。

✉ 1/33 Soi Sukhumvit 11
☎ 0 2253 5927
@ www.suk11.com
🚉 Nana

Swissotel Nai Lert Park ฿฿～฿฿฿

这家高档酒店坐落在漂亮的大花园中，是一个真正的圣地。酒店内建有生育神殿，纪念住在园中菩提树上的女菩萨。今天，依然有很多人，尤其是女性，来这里供奉木雕或者石质的男性生殖器，祈求子嗣。除此之外，酒店还配备有现代化的服务设施。在花园中，还有巨大的游泳池、泰式亭阁和观赏桥。还有一家高档的水疗馆，为住客提供专业的水疗服务。酒店里所有房间都有私人阳台，可以俯瞰整个花园美景。酒店有 8 家餐厅，提供不同风味的美食，供住客享用。酒店周一到周五会有现场表演，十分适合放松身心。

✉ 2 Wireless Road (Thanon Witthayu)
☎ 0 2253 0123
@ www.swissotel.com
🚉 Ploenchit

美食

每餐人均3道菜的价格（不包括酒水和服务费）：
300泰铢以下 ฿　　300泰铢～600泰铢 ฿฿　　600泰铢以上 ฿฿฿

Baan Khanitha ฿฿฿

餐厅供应辛辣精致的泰国菜，精选各式沙拉，菜品丰盛，应有尽有。在这里可以尝试由柚子、虾和鸡肉搭配摆成的穗状沙拉。海鲜是这家餐厅的特色菜，这里的咖喱也很美味。即使是素食主义者也可以大饱口福，因为这里有很多素食。在凉爽的夜晚，可以坐在小花园的露天餐厅享用美食，当然，在餐厅内用餐同样舒适愉悦。

✉ 36/1 Sukhumvit Soi 23
☎ 0 2258 4181
🕒 11:00—14:00，18:00—23:00
@ www.baan-khanitha.com
🚉 Sukhumvit

Bei Otto ฿฿

饭店建于 1984 年，包括一家德国餐厅、一家葡萄酒屋、一家熟食店和一家面包店，是曼谷最早的国际化餐厅之一。这里的巴伐利亚烤猪脚、土豆饺子、德国酸菜、冷肉拼盘、维也纳炸牛排，都是非常受欢迎的菜品，此外还有很多精美的点心。这里的食物多是自制的，因此，在这里吃饭绝对会让你身心愉悦。正如大家所期待的，这里供应各种高档德国啤酒和葡萄酒。除了葡萄酒屋，这里的餐厅也是一家很棒的欧洲餐厅，提供许多国际菜式，例如意大利面食、牛排、炸薯条、烤牛肉等。

✉ 1 Soi 20 Sukhumvit Road

☎ 0 2262 0892
⏲ 熟食店：8:00—23:00
餐厅：11:00—24:00
葡萄酒屋：18:00—23:00
@ www.beiotto.com
🚉 Sukhumvit

Bourbon Street ฿฿

在世界上，仅有几个地方还能找到 Cajun—Creole 菜肴，曼谷就是其中一个，这家餐厅经营这种菜肴已经超过 25 年了。秋葵、煎鲱鱼、3 种不同的什锦菜、烤猪肋排、法式蒸小龙虾，这仅是其中的几道美食。餐厅分为两个部分，酒吧可以看电视和各种比赛，餐厅则是更轻松惬意的用餐场所。周二晚，有墨西哥式自助餐提供。

✉ Sukhumvit Soi 63
☎ 0 2381 6801
⏲ 7:00—1:00
@ www.bourbonstbkk.com
🚉 Sukhumvit

Cabbages and Condoms ฿～฿฿

这是一家有着严肃主题的餐厅，来这里吃饭，绝对物超所值。这家特殊的泰国餐厅是由计划生育倡导者米猜·威拉瓦亚在 1986 年建立的。饭店饰有避孕套摆成的花朵，地毯上也都是避孕图案。食物美味可口，一些菜的名字和计划生育有关。餐厅外面的啤酒花园是个很好的去处，可以坐下来喝杯干啤。离开时，餐厅赠送的不是薄荷糖，而是避孕套。

✉ 6 Sukhumvit 12
☎ 0 2229 4610
⏲ 11:00—22:00
@ www.cabbagesandcondoms.co.th
🚉 Asoke

Celadon ฿฿฿

Celadon 是一家颇具古典风格的泰国餐厅，坐落在池塘中央，周围莲花环绕。就餐时既可以在充满泰国风情的亭阁中，也可以选择在景色优美的花园中。在繁华的沙吞（Sathorn）商业中心，这里显得尤为宁静、高雅。其特色菜主要有鸡肉椰汁姜汤、油炸咖喱石斑鱼、班兰叶烤鸡等，道道验证了泰国菜的复杂与精致。来这里就餐一定要注意着装，禁止穿运动服和短袖入内。

✉ Sukhothai Hotel，13/3 Thanon Sathorn Tai
☎ 0 2344 8888
⏲ 12:00—15:00，18:00—23:00
@ www.sukhothai.com
🚉 22 路，67 路

D'Sens ฿฿฿

虽然和其他饭店相比，这里没有露天餐厅，但这家饭店的食物品质却是一流的。蜗牛来自法国勃艮第，大龙虾由美国缅因州供应，扇贝来自日本，还有新西兰羔羊……不管在这里吃什么，绝对都是顶级食材，而且服务也无可挑剔。这是泰国最好的一家法国餐厅。

✉ Dusit Thani Hotel, Thanon Rama IV
☎ 0 2200 9000
⏲ 周一—周五：11:30—14:30，18:30—22:00
周六：18:00—22:00
🚉 Sala Daeng

Le Dalat ฿฿

曼谷特色餐厅，一直被模仿，但从未被超越，烹饪的越南菜一流。穿过一条绿树成荫的小路，会看到一幢双层建筑，就是这家餐厅。内部可爱的竹制装修，让人倍感轻松。Cha ca（一种烤鱼）最受欢迎。如果你以前没有吃过越南菜，建议你尝试一下烤肉丸，搭配蒜片、柠檬、红辣椒、姜片和杨桃片等。这里的服务员热情好客，会尽心为你介绍和搭配菜品。

✉ 57 Soi Prasarnmitr，Sukhumvit 23
☎ 0 2664 0670
⏲ 11:30—14:30，18:00—22:00
@ www.ledalatbkk.com
🚉 Asoke

Food Loft ฿฿

在Central Chidlom疯狂购物后，在这家餐厅坐下来，吃顿饭，或者喝杯饮料，都是不错的选择。在餐厅门口，顾客领取一张带有条形码的用餐卡，用来记录你所消费的食物和饮料，吃完饭准备离开时在柜台结账。这里食物种类繁多，欧洲和亚洲的食物都有，还有一个时尚的休息室，顾客在饭前和饭后都可以在这里休息。

✉ 7th Hoor，Central Chidlom，Thanon Ploenchit
☎ 0 2793 7070
🕒 10:00—21:00
@ www.centralfoodloft.com
🚉 Chit Lom

Gianni's ฿฿฿

餐厅环境幽静，充满现代气息。在这里，你可以品尝到泰国最美味的意大利菜，詹尼·法夫里完美地重现了意大利的精致菜肴。这里食物简单美味，招牌菜有龙虾天使面、鹅肝沙拉和炖羊羔小腿。餐厅的甜点堪称一绝，美味的酸奶蜂蜜慕斯，高品质诱人的意大利松糕。供应的红酒也主要是意大利红酒。

✉ 34/1 Soi Tonson，Thanon Ploenchit
☎ 0 2252 1619，0 2652 2922
🕒 11:30—14:00，18:00—22:00
@ www.giannibkk.com
🚉 Ploenchit

Himali Cha Cha ฿~฿฿

曼谷有很多质量不错的意大利餐厅，但是没有哪家的背景像这家餐厅这么有意思。这家餐厅最初的厨师兼经营者是已逝的恰恰先生（Mr. Cha cha），在英属印度的三伏天里，他曾为路易斯·蒙巴顿勋爵服务。他的儿子现在继承了他的衣钵，最初的Cha Cha餐厅现在依然存在，就在Charoen Krung路旁，现在这家餐厅已经有了两家分店。所有菜品都以恰恰先生的食谱为基础，多为印度北部或者莫卧儿风味。这里可以买到印度流行饮品，例如Lassi（一种印度酸奶）和印度翠鸟啤酒。

✉ Sukhumvit Soi 31，Thanon Sukhumvit
☎ 0 2259 6677
🕒 11:00—15:30，18:00—22:30
@ www.himalichacha.com
🚉 Phrom Phong

Lemongrass ฿฿

这家古老优雅的餐厅，是一家地道的泰国餐厅，历史悠久，非常受欢迎，在这里可以吃到泰国各个地区的菜肴。餐厅里摆满了古董家具和有意思的小物件，营造了一种古怪的混搭风格。菜单上的招牌菜有鱼香烤鸡和咸鱼干，这两道菜一定要品尝。这里红酒种类较少，但法国红酒味道很不错。

✉ 5/1 Sukhumvit Soi 24，Thanon Sukhumvit
☎ 0 2258 8637
🕒 11:00—14:00，18:00—23:00
🚉 Phrom Phong

Smooth Curry ฿฿฿

这家餐馆在曼谷非常受欢迎，是举行各种活动的理想场所。最为不同的是，虽然是一家酒店餐厅（隶属Le Meridien），但非常有情调，而且服务周到热情。面对丰富的菜品也不必慌乱，会有服务员全程指点。餐厅菜品灵感多来源于泰国15世纪的传统皇家菜肴，顾客可以尝试一下腰果鸡丁（gad pad med manuang himapam）。现榨果汁不仅可以解油腻，还能带给人愉悦的感觉。

✉ 61 Wireless Road
☎ 0 2650 8800
🕒 周一—周五：11:30—14:30
周一—周日：18:00—22:30
@ www.plazaatheneebangkok.com/smoothcurry
🚉 Ploenchit

Spice Market ฿฿฿

这是曼谷最好的一家餐厅，装修得像一个老式的泰国香料市场。藤制家具和大理石桌面的餐桌，让这里增添了几分殖民地风情。这里受欢迎的菜品是精致的脆皮鲶鱼和绿杧果沙拉。餐厅早餐、午餐时段常常人满为患，要想在这里用餐，至少要提前一周预订。

✉ Four Seasons Hotel, 155 Thanon Ratchadamri
☎ 0 2126 8866
🕒 11:30—14:30，18:00—22:30
@ www.fourseasons.com/bangkok
🚉 Chit Lom
🚉 Ratchadamri

Supatra River House ฿～฿฿

这里原本是 Supatra Singholaga 夫人的家。她是曼谷水上巴士服务的创始人，每天运送数以千计的旅客畅游昭披耶河（➤P71～72）。酒店充满泰国古典风格，能够观看到大皇宫（➤P64～66）的壮丽景色。酒店的海鲜非常受欢迎，餐厅的泰国菜非常地道，例如红辣椒干煸扇贝、淡水鱼干和绿柠檬沙拉。如果想品尝多种菜肴，可以点套餐。

✉ 266 Soi Wat Rakhang,Thanon Arun Amarin
☎ 0 2411 0305
🕒 11:30—14:30，17:30—23:00
@ www.supatrariverhouse.net
🚢 Wang Lang

Vientiane Kitchen ฿

如果你想品尝伊森地区（泰国北部）和老挝的美食，这里是最好的选择。伊森菜的特点是简单但辛辣。最有名的要数木瓜沙拉（青木瓜沙拉，配以鱼露、蒜末、红辣椒和花生碎）以及五香碎肉搭配生蔬菜沙拉，这些菜品通常搭配着泰式烤鸡一起食用。还有一种美食，可能很多人不喜欢，也需要很大的勇气去尝试，那就是红蚂蚁蛋沙司。所有这些菜按照传统都是和糯米饭一起食用的，盛在竹编的小篮子里，用手抓着食用。餐桌围绕在一棵大树周围，还有来自伊森的乐队奉上表演。

✉ 8 Soi 36，Thanon Sukhumvit
☎ 0 2258 6171
🕒 12:00—24:00
🚉 Thong Lo

Oasis Lounge ฿฿

这是一家极其注重客户体验的餐厅，味道好、卖相好、服务更好，在这里你不知道怎么点餐、怎样搭配时可咨询老板，他会很乐意为你解答。花生咖喱牛肉味道棒、腰果辣子鸡、红咖喱、大明虾配甜辣罗望子果汁都不会让你失望。

✉ 109 Suriwong Road，Sunshine Place
☎ 8 0224 4363
🕒 16:30 至次日 2:00
🚉 Sala Daeng

You & Mee ฿

这是喜爱面食的游客不可错过的餐厅，内部装修干净，让人感到舒适。在这里你可以吃到不同东南亚风格的面。里面的酱料、配菜各不相同，价格也很便宜，120 泰铢就可以享受美味。推荐清迈面和咖喱面。

✉ Grand Hyatt Erawan Hotel，Thanon 494 Rajdamri
☎ 0 2254 1234
🕒 12:00—15:00，18:00—23:00
🚉 Chit Lom

Mango Tango ฿

这家餐厅主要销售以杧果为原料的甜品，在当地非常有名。杧果糯米饭、芒果西米露、杧果冰沙等都是这家餐厅的招牌，千万不要错过。

✉ Siam Square Soi 3，Rama I Road，Bangkok
☎ 0 2619 5504
🕒 11:00—21:00
@ www.mymangotango.com

购物

传统手工艺品

虽然曼谷是主要的古董和工艺品出口城市，但实际上，这些商品很少在曼谷生产制作。

在 Krishna's Asian Treasures（✉ CornerSoi11 Thanon Sukhumvit ☎ 0 2251 6867 @ www.krishnasasi-anarts.com），你可以买到缅甸壁画，印度尼泊尔珠宝、巴厘岛木雕，以及各种泰国本地产品。

四面佛古董店（Erawan Antiques ✉ 148/9 Thanon Surawong ☎ 0 2235 8981），主要卖佛像和印度教文物，也卖一些精美的古董家具。

Narayana Phand 工艺中心（✉ 973 Thanon Ploenchit，临近 Central World @ www.naraiphand.com）是官方经营的手工艺中心，出售各种纪念品。

River City Shopping Complex（✉ 23 Trok Rongnamkaeng，Thanon Yotha @ www.rivercity.co.th），也是主要的古董和手工艺品销售商店。

是隆乡村贸易中心（Silom Village Trade Centre @ www.silomvillage.co.th），位于是隆路尽头，这里有很多商店比河城购物中心更实惠，从 Surasak 或者中央码头步行就可到达。这两个地方主要出售丝绸、珠宝、纪念品和礼品。

丝绸

吉姆·汤普森丝绸店（Jim Thompson Silk Shop ✉ 9 Thanon Surawong ☎ 0 2632 8100 @ www.jimthompson.com），可能是曼谷购买丝绸的最佳地点，主要销售高档服装和家庭日用品。

西那瓦（Shinawatra ✉ 94 Sukhumvit Soi 23 ☎ 0 2258 0295/9 @ www.tshinawatra.com），主要经营丝绸和其他纺织品，该店在清迈有两家分店。

在帕特里夏泰国丝绸设计公司（Patrizia Thai Silk Design Co ✉ 119/3 Suriwong Road ☎ 0 2238 2620）可以观看传统泰国丝织，在这里还可以定制西装和裙子。

市场

在曼谷北部，恰吐恰克周末市场（➤P73，即著名的周末市场）就在恰吐恰克公园的南端，距离 Phahonyothin 路不远，是散步闲逛的好去处。这里售卖各种商品，从进口的新鲜蔬菜到泰国传统乐器，琳琅满目，应有尽有。

如果你想买名牌衣服，可以去水门商业区（Pratunam Market）转转，就在 Phetburi 路和 Ratchaprarop 路的交会处。派克隆花市（Pak Khlong Talaat，位于 Mahathat 路，在纪念大桥附近）是典型的东南亚市场，这里主要贩卖鲜花和新鲜蔬菜，24 小时营业。

商场和购物中心

Central Chidlom 在曼谷有好几家分公司，最大的一处位于游客聚集区的是隆路和 Ploenchit 路。

Siam Discovery Centre（@ www.siamdiscovery.co.th ✉ Thanon Rama I），主要是一些品牌店。

沿着隆齐路，在拉差当梅路拐角处，就是 Central World（✉ Thanon Ratchadamri Road ☎ 0 2635 1111 @ www.centralworld.co.th ◷ 10:00—22:00），还有一家水疗馆，在七层有一家免税店（◷ 10:00—21:00）。

Gaysorn Plaza（@ www.gaysorn.com），在 Central World 对面，位于拉差当梅路和隆齐路的拐角处。

Siam Paragon 位于拉玛一世路，是一家大型的购物娱乐中心，里面有一家美食城。

娱乐

基本信息

在大多数书店里，都有好几种免费导游指南月刊赠送。

需要电子版的可登录 www.bangkok.com。

剧院

国家剧院（✉2 Thanon Rachini Phra Nakhon ☎0 2224 1342）经常会表演一种泰国经典传统舞剧——箜舞（khon），这是一种正式的面具舞。这里也经常有另一种比较普通的舞蹈——洛坤剧（lakhon）。

音乐

Saxophone Pub（✉3/8 Victory Monument，Thanon Phayathai ☎0 2246 5472 @www.saxophonepub.com）是最早有流行爵士乐表演的，也是最有名的，每天晚上都有不同的乐队在这里表演。

如果想要享受一个摇滚音乐之夜，可以去 Titanium Ice Bar（✉Sukhumvit Soi 22 ☎0 2258 3758 @www.titaniumbangkok.com）。

Brick Bar（✉265 Thanon Khao San ☎0 2629 4477）就在 Buddy Lodge 购物街的后边，是年轻人尽情狂欢的好去处，很受年轻人喜欢（周末要收取门票）。

Common Ground（✉59-61 Samsen Soi ☎08 9221 7835）有很多有趣的乐队表演。在蓝毗尼公园附近的 Sarasin 路有很多酒吧有现场音乐表演。

夜生活

在泰国，经常有新的地点成为新潮时尚的夜生活聚集地，但一直以来最有名的仍是 Conrad Hotel 的 87+（87plus ✉87 wireless Road ☎0 2690 999），人们可以在这里一边品鸡尾酒，一边跳舞。

Spasso(✉494 Ratchadamri Road ☎0 2254 1234）隶属于 Grand Hyatt Erawan Hotel，是存在时间最长的酒店俱乐部，现在依然火爆，除了星期日，每天晚上都有现场音乐表演。

Q Bar Bongkok（✉34 Sukhomit Soi11 ☎0 2252 3274 @www.qbarbangkok.com）是一家高档酒吧俱乐部，价格昂贵，但很受欢迎，在这里可以喝到烈性鸡尾酒。

表演

Calypso Cabaret（✉2149 Thanon charoenkrung 72-74 ☎0 2688 1415 @www.calypsoabaret.com）隶属亚洲酒店，经常有一些拉斯维加斯风格的演出，可能是镇上最好看的表演。

Siam Niramit（✉19 Tiamruammit Road ☎0 2649 9222）经常上演极具娱乐性的文化表演，而且提供自助餐（当然看表演才是主要的）。

Lumpinee Boxing Stadium (✉328 Rama IV Road ☎0 2251 4303 🚉Lumphini 🕒周二、五、六：18:00开始 ¥200 泰铢 ~2 000 泰铢 ☎0 2251 4303）的拳击表演也值得一看。

泰国卧佛寺传统按摩学校（Wat Pho Thai Traditional Massage School ✉2 Sanamchi Road ☎0 2225 4771）提供的古式泰式按摩训练课程已获得广泛认可。作为泰式按摩发源地，这里的手法更为专业、正规，是曼谷最有声望的按摩学校。

中部

地区概要

曼谷北部和西部内陆地区土地肥沃，这得益于众多河流和瀑布。这里地处国家心脏位置，既是泰国的水稻种植中心，也是全泰国最富裕的地区，生活节奏非常缓慢。

在这片区域的两端，分别伫立着两座历史名城——大城和素可泰，这两座非凡的古城是泰国的历史瑰宝。在两者之间是古镇甘烹碧和华富里。西部多为丘陵景观，在由森林和野生动物保护区构成的国家公园风景区中，游客可以选择徒步或漂流等方式游览。

水乡北碧的标志性建筑是桂河大桥，它的存在时刻提醒着人们不要忘记数以千计在建造“死亡铁路”中牺牲的战俘。

北碧西部的边界线外就是缅甸，边界线上的三塔山口仅允许泰国和缅甸居民通过。

多数来这里旅行的人都会参观一些主要景点，例如传统的水上市场。人们通常会在从曼谷动身前往北部的王朝故都素可泰前，安排一天游览水上市场。如果你想过得轻松一点，可以自行安排游览。

北碧横跨桂河的标志性建筑——桂河大桥

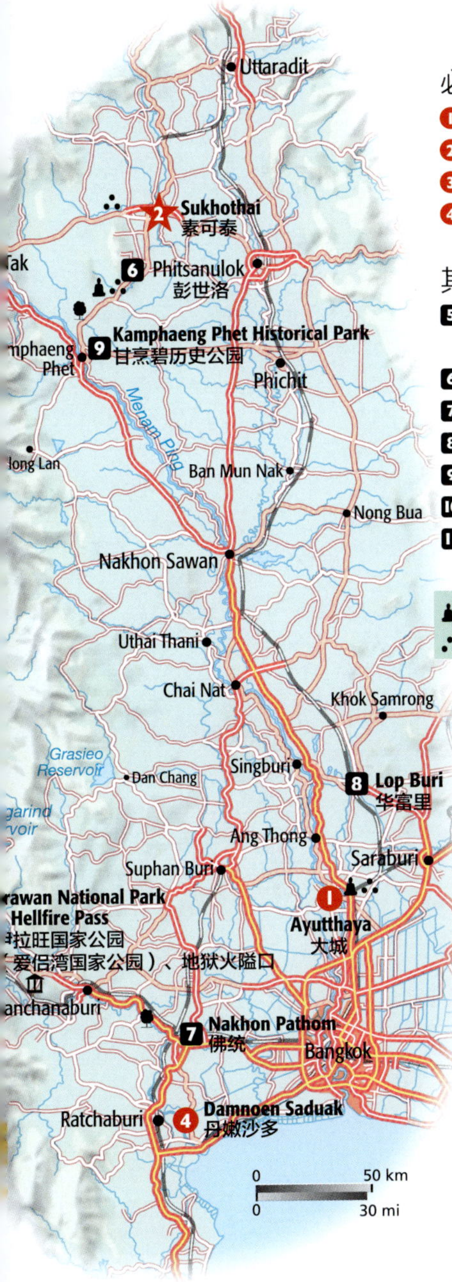

必游之地

1 大城 ➤P94

2 素可泰 ➤P97

3 北碧镇 ➤P100

4 丹嫩沙多 ➤P102

其他好去处

5 伊拉旺国家公园、地狱火隘口 ➤P104

6 彭世洛 ➤P105

7 佛统 ➤P106

8 华富里 ➤P106

9 甘烹碧历史公园 ➤P107

10 蕴朋县 ➤P108

11 桑卡拉武里 ➤P108

寺庙	公园/植物园
古迹	纪念馆/博物馆

在素可泰，一尊巨大的佛像看守着破败的寺庙

3日行程推荐

如果你还没有确定如何开始自己的行程，那么本书中的3日推荐行程也许会对你有所帮助，带给你一段快乐的旅程。本行程主要以前面“地区概要”给出的景点为参考，安排泰国之行。如需更多信息，请参考主目录。

第1日

北碧镇 → 丹嫩沙多水上集市 → “杰西”战争博物馆 → 桂河大桥

上午

要想在一天内游览多个景点，就需要早起了。一天下来，可以参观❸北碧镇（➤P100～101）和❹丹嫩沙多（➤P102～103）著名的水上集市，途中还可以顺便游览❼佛统（➤P106）的高耸的尖塔。也有一些行程景点，比如❺伊拉旺国家公园、地狱火隘口（➤P104～105）。在北碧，比如瀑布和地狱火（Hellfire Pass Memorial，➤P104），如果选择观看上述景点，就要舍弃水上集市。中午时，旅游巴士通常会停靠在路边的饭店方便游客们吃午饭，虽然路边饭店号称可以纵览丛林景观，但实际上并没有特别之处。

下午

游客大约有一个小时的时间参观北碧镇、“杰西”战争博物馆（JEATH War Museum，➤P101）和桂河大桥（➤P100）。然后经由佛统返回曼谷。

晚上

如果想要在北碧镇浏览更多的景点，可以在参观完毕后与人拼车回曼谷，费用1 400泰铢～1 800泰铢，可多可少，这就看你砍价的能力了。赶了一天的路，去Song Kwai路上找一家餐厅，品尝一顿美味的海鲜，在满足口腹之欲的同时，还可以欣赏到真正的丛林美景，优美的景色也许会让你忘记食物的美味。

第2日

大城 → Hua Raw夜市

上午

早上，从曼谷乘坐华南蓬火车站的早班车去❶大城（➤P94～96），到达后，租一辆自行车，或在当地参加一个旅游团进行观光。中午，在水上餐厅享受一顿悠闲的午餐，避开一天中最热的时段。巴沙克河

（Mae Nam Pa Sak）西岸的水上餐厅最值得推荐。

下午

继续大城的寺庙之旅，如果你有时间，可以去探索西部区域，那里风景优美，秀丽如画。

晚上

逛一逛位于查卡赛宫（Chan Kasem Palace）附近紧邻河边的Hua Raw夜市。从这里，你可以沿河走回摆渡站点和火车站，方便第二天早上乘坐早班车返回曼谷。

大城佛像

第3日

素可泰

从曼谷飞往❷素可泰（➤P97～99）的机票非常便宜。如果航班已满（最好尽早预订），可以选择乘坐大巴。如果选择火车，则只能到❻彭世洛（➤P105）之后再转车，但要注意，到彭世洛的火车没有早上到达的。抵达后，可以租一辆自行车探索各种遗迹，晚上在素可泰过夜。

必游之地

1 大城

大城被联合国教科文组织评为世界文化遗产，过去是亚洲最大的城市，有400多年曾是王朝的首都。大城拥有高度发达的文明，当时大城国力强盛，曾征服了强大的吴哥帝国（现柬埔寨境内）。在17世纪，大城有常住居民100万，相当于同时期伦敦人口的2倍。据说很多来自中国、日本、荷兰、英国和法国的商人都宣称大城是他们见过的最美丽的城市。

18世纪60年代，由于缅甸的入侵，大城昔日的辉煌遭受了严重的破坏，现在的大城，虽然仍然可见大量红砖结构的皇家宫殿、礼拜堂、寺庙、祭拜大厅和宝塔，但多数破损严重，成为遗迹。

数不尽的一座座建筑可能让你觉得有些意兴阑珊，而且建筑太多了，一天之内很难参观完，因此最好在这里过夜，细细品味历史的沧桑和积淀。来这里，最好的方式是坐火车，下车后租一辆自行车（租车时会有免费的城市景点地图赠送），然后按照地图骑车游览最有趣的景点，差不多需要3个小时的时间。路上会路过很多历史遗迹，但多数只可远观。在这段旅程中，你也可以租一条长尾船，放松身心，浏览沿岸的寺庙。

柴瓦塔那兰寺内高耸的砖砌尖塔

帕玛哈泰寺中榕树根部的佛陀头像

大城探险

大城是一座岛屿，三面环水，仅有一面和一个小镇相连。从这里的火车站一直向前走，穿过十字路口。然后坐渡船过河，沿着Naresuan街走，在第二个路口左转，就到了14世纪兴建的帕玛哈泰寺（Wat Phra Mahathat）。这是最大的寺庙建筑群，里面还有皇家寺院。

1956年在废墟中发现的大量佛像现在都被保存在昭萨帕拉雅国家博物馆（Chao Sam Phraya National Museum）。里面有无数宝藏，一座镶满宝石的大象，还有帕玛哈泰寺出土的棺木，以及被葡萄藤缠绕的栩栩如生的佛陀头像。

对面的拉嘉布拉那寺（Wat Ratchaburana）就建在两位国王的火葬地点，他们的骨灰被保存在岛内的佛塔里。沿着台阶向下，可以到地下室观看壁画，虽然多数已经模糊了。

沿着这条路走大约1千米就到了普拉蒙坤巫碧寺（Wat Phra Mongkonbophit），这里有一座巨大的镀金大佛，高13米。这座闪闪发光的大佛在1992年进行了修复，重新覆上了一层金叶子。现在，这里香火旺盛，寺庙里堆满了泰国人制作的各式贡品、莲花、香烛以及金器。

帕司山碧寺（Wat Phra Si Sanphet）位于拉嘉布拉那寺对面，和大城建于同一时期，最初是皇室的宫殿。虽然已经进行了重修，但大部分仍然是一片废墟。1448年，这里修建了一座皇室庙宇，后来逐渐增加了很多建筑，例如Chedis，用来收藏皇室遗物和皇室进行祭拜的大厅。

放松一下

在Pridi Damrong大桥两侧的河面上，以及大桥的两边，有几家水上餐厅，可以选一家，Phae Krung Kao（➤P113）餐厅就不错，在这里休息一下，品尝美味的海鲜。

✉ Si Sanphet Road，Ayutthaya

☎ 0 3524 6076 @ www.Ayutthaya-info.com

普拉蒙坤巫碧寺里巨大的镀金佛像

小贴士

- 可以购买一本《大城值得关注的寺庙和废墟》，了解背景知识，但是地图很难辨认。这本小册子在大城所有零售店都有销售，在昭萨帕拉雅国家博物馆也可以买到。
- 从曼谷出发，乘坐长尾船到达大城的邦巴茵夏宫（Bang Pa In Palace ☎0 3526 1044 🕒8:00—16:00 ¥100泰铢）需要两个小时。虽然这种旅游方式非常有趣，但是如果你没有太多的时间游览这座历史名城，也可以选择其他方式。
- 大城的气温往往比曼谷要高，因此不管是骑自行车还是步行，都尽量不要在一天中最热的时段出门（11:00—15:00），早些出发，然后在中午时好好休息，饱餐一顿。
- 走到另一边的渡口再租自行车，价格会便宜很多。
- 柴瓦塔那兰寺（Wat Chaiwatthanaram）令人印象深刻，值得一看。该寺矗立在大城的边缘，这里有绿草茵茵的河畔，却很少有游客到访。从洛卡雅苏塔兰寺（Wat Lokayasutharam）沿着Khlong Thaw街左转，在第一条街右转，过河之后左转就到了。这座寺庙是巴萨通国王（King Prasatthon）为纪念他的母亲于1630年在他家的旧址上建造的。这里曾是皇室成员火化的地方。寺庙呈现高棉建筑风格，和柬埔寨的吴哥窟非常类似。据说，这座寺庙是为了庆祝国王攻占柬埔寨的胜利而建造的。一座巨大的高塔耸立在4座小一些的高塔中间，四周的高塔又被更小的8座高塔环绕，这种分布代表了宇宙的中心。
- 查卡赛宫（Chan Kasem Palace）是一家博物馆，位于Uthong路上，里面的藏品各式各样。这座宫殿过去是王位继承人的住所，曾被缅甸夷为平地。经过重建，现在用来收纳未成年皇室成员的物品。
- 大象营地位于城市边缘，据称是大象重点保护区，但由于经营者是一家企业，因此有人对此表示怀疑。

2 素可泰 2

素可泰是泰国最古老的都城，其含义是“幸福之星”，现在这里依然被视为黄金时代的象征。在两位泰国将领把高棉帝国驱逐出境后，素可泰王朝于1431年建立，成为伟大的艺术中心，迎来了艺术上的辉煌。当时的素可泰气氛和谐，正义盛行。在联合国教科文组织的帮助下，素可泰的草坪、莲花池和建筑经过重建，周围种植果树和水稻，现在成为泰国最著名的景点之一。

16世纪，大城（➤P94~96）在政治上逐渐占据统治地位，素可泰走向了衰落。那个时代，素可泰的房屋多为木质结构，现在无一幸存，最后留下来的都是摇摇欲坠的砖砌建筑。但是，和大城不同，素可泰的老城和新城是分

素可泰西昌寺的佛像，佛像眼睛内嵌有珠母贝

开的，这给来此参观的游客带来了更多的乐趣。很多游客会住在新城，新城不仅住宿条件好，而且选择多样，可以乘坐宋条车（安装长木凳的货车，很小且噪声很大，但价格便宜），到距12千米外的老城游玩。

素可泰历史公园

公园建在老城遗址上，一共分为5个区，每个区都要单独收取门票。寺庙大都集中在中心区域，但是因为时间问题，你需要选择性地参观。

对游客来讲，游览公园最好的方式就是骑自行车，在正门处可以租借自行车。这里提到的每个景点大概都需要20分钟的游览时间，如果骑自行车的话，只需要5～10分钟。

在租自行车（需要一张地图）参观公园各个区之前，可以先参观兰坎亨博物馆（Ramkhamhaeng Museum，单独收取门票），博物馆距离宋条车下车的地方非常近，就在中心区入口的外面。博物馆里的展品复杂多样，有兰坎亨国王手稿的复制品、武器和很多有趣的东西，例如赌博筹码和子弹。

博物馆旁边是金池寺（Wat Trapang Thong），它坐落在一座岛屿上，周围湖中种满了莲花，至今仍在使用。僧侣用石头制成的锡兰式佛塔林，寓意着智慧。藏经阁（一座方形的尖顶建筑）里珍藏着14世纪巨佛的脚印。

进入中心区入口后先向左转，就可以到达玛哈泰寺。玛哈泰寺是素可泰最大，同时也是最重要的寺庙，曾是素可泰王国的政治和宗教中心。整个建筑群由护城河和砖墙包围，里面有大约200座砖砌的高棉风格和锡兰风格的佛塔（多数已毁坏）。

在玛哈泰寺中大约有200个高棉风格和锡兰风格的佛塔遗迹

在西南部距此两个街区远的西沙瓦寺（Sri Sawai），是一座印度神龛，伴有3座高棉风格的高塔（中心塔）。正北方是银池寺（Wat Trapang Ngoen）和斯拉斯里寺（Wat Sra Sri），前者有一座优雅的莲花苞状佛塔和一座正殿，后者寺内有一座圆形的佛塔。

其他区域

从中心区的北门出来，向左转进入拍銮故宫遗址（Wat Phra Pai Luang），这里的建筑风格各异。高塔是由高棉人建立的，而圣殿礼堂和佛塔都是后来的佛教徒所建。

继续向南，走右边的第二条路，可以看见西区一连串的寺庙。首先映入眼帘的是西通寺（Wat Si Thon），据说曾有一位僧人住过这座杧果树环绕的寺庙。沙攀辛寺（Wat Saphan Hin）是第四座寺庙，一条陡坡直通这里，坡顶是一座站佛，呈伸手姿态。从这里可以眺望周围的乡村。

素可泰文化中心（Sukhothai Culture Centre）贩卖各式当地手工艺术品及精致的衣料、服饰、古董、藤制品、泰丝、棉制品等。另外，在当地远近闻名的黄金村和纺织村（Ban Hat Siaw）可以买到做工精细的珠宝饰品和手工纺织品。

放松一下

“便便餐厅”（Poo Restaurant，➤P113），不要被名字吓到，这家位于素可泰新城的餐厅不仅价格合理，而且服务热情周到。

素可泰历史公园

¥中央、北部、东部区域分别收取 100 泰铢的门票，骑自行车或摩托车进入需另加 10 泰铢 ~50 泰铢。

兰坎亨博物馆

✉ Muang Kao ☎ 0 5561 2167 ⏲ 9:00—16:00 ¥ 30 泰铢

小贴士

- 联票包括公园5个区的门票，有效期为一个月。
- 从10月底到11月中旬是水灯节，人们会点燃蜡烛，将香烛和莲花苞放在香蕉叶做成的小船上，然后把小船放入水中，以此感谢水神。水灯节是个全国性的节日，但是素可泰的庆祝最为壮观，有各种灯饰，并会燃放烟花。
- 最好在10点以前参观，避开最热的时段以及游客乘坐公交高峰时段。
- 在北部和西部地区，可以看到水牛、奶牛和农民忙碌的身影，在茂盛葱绿的景色中，曾有一个强大的城市存在过。

3 北碧镇 3

北碧镇是一个令人轻松愉悦的小镇，河畔一排排木筏屋和宾馆掩映在一片郁郁葱葱之中，绿意盎然。这里之所以小有名气，是因为这里曾是第二次世界大战时战俘集中营的所在地，关押过修建泰缅铁路的工人。著名的"死亡铁路"在修建过程中牺牲了数以万计人的性命。很多游客来此就是为了观看桂河大桥。以著名法国作家皮埃尔·布尔的作品改编的电影《桂河大桥》就是在此取景的。1957年，该电影获得多项奥斯卡大奖。

桂河大桥

桂河上其实有两座大桥，一座是鲜为人知的木桥，也就是电影中提到的那座桥，一座是日军建造的钢筋混凝土结构的大桥。当时的侵略日军认为木桥已经不安全，于是建造了这座大桥。两座大桥都曾被盟军的炮弹摧毁，但是第二座桥后来得以重建，现在依然是早期的"死亡铁路"的一部分。

第二次世界大战时，同盟国的战犯和亚洲劳工在极端残酷的环境下修建了两座大桥。修建大桥和通往缅甸边境的铁路过程中，一共动用了6万名战犯，其中有1.2万人死在了这里。鲜为人知的是，至少有9万名亚洲劳工也永远埋葬在了这里。据估计，几乎每一块枕木下都有一条人命。

在大桥附近，有两家纪念馆，里面有关于"死亡铁路"的介绍。

"死亡铁路"的铁轨和第二次世界大战时期的炮弹壳，纪念着无数逝去的生命

第二次世界大战纪念馆

在博物馆的一个展厅里，保存着最初桂河木桥的一端。这里收藏了很多战争纪念品，以及日本和盟军的运输工具。纪念馆里有一个标有“杰西”的指示牌，但并不是下面介绍的“杰西”战争博物馆。

“杰西”战争博物馆收藏的当时战俘居住的竹棚屋复制品

“杰西”战争博物馆

这座十分简陋的博物馆里面有很多感人的展品，包括战俘的个人财产和绘画，这里还有当时战俘居住的竹棚屋的复制模型。

“杰西”（JEATH）的名字是由日本、英国、澳大利亚、美国、泰国和荷兰几个国家英文名的首字母组合而成。

放松一下

在 Song Khwae 街对面的河上，有一家 Mae Nam 餐厅（☎ 0 3451 2811 @ www.maenamraft.com）非常不错，逛累了可以在这里休息一下，景色优美，设施也不错，供应传统泰国菜。

✉ 14 Saeng Chuto Road ☎ 0 3451 1200

@ www.kanchanaburi-info.com ⏲ 8:30—16:30

“杰西”战争博物馆

✉ Pak Phreak Road ⏲ 8:30—18:00 ¥ 30 泰铢

小贴士

- 周末有一趟旅游专列（120泰铢）从曼谷开往北碧镇，6点30分出发，晚7点25分返回曼谷。
- 如果你对这个地区的历史一无所知，那么建议去之前查资料了解一下，以便更好地游览。
- 如果你没有跟团游，那么建议你租一辆自行车游览，这个小镇沿河5千米的景色都非常漂亮。
- 当游客把泰语的“桂河（Kwai）”说成英语的“cry”时，当地人会偷笑。“桂河”泰语真正的发音是“Kway”，类似于“Sway”。那个错误的发音在泰语中表达的是和性有关的意思。

4 丹嫩沙多 ❹

一艘艘载满农产品的船只行驶在狭窄的运河上，这些农产品都产自周边的农业区。有的船上满是新鲜的椰子，堆得高高的，有的船上满载着大蒜。除此之外，很多船上卖蔬菜和水果。迷你水上餐厅经常发放一些面条汤给集市上的工人。女人们戴着传统的像篮子一样的草帽，穿着深蓝色服装，这是泰国农民的典型装扮。这些女人熟练地操纵着小船，沿运河叫卖她们的商品。

这里最有名的就是丹嫩沙多水上集市。100多年前，人们就在这里兜售他们的陶瓷器皿。这些市场位于曼谷西南100千米，从运河成为主要的交通河道起，这种传统的买卖货物的方式就一直存在，直至今日。水上集市在曼谷就快要消失了，现在零散存在的几处多是向游客开放的。丹嫩沙多和曼谷距离相对较远，而且没有火车直达，这让这里的水上集市得以保存，没有被过度商业化。但不可避免地，这里也成为最受游客欢迎的景点之一。

最主要也是最古老的集市在Ton Khem，其河水走向和游客聚集的Hia Kui运河平行。在桥上鸟瞰集市，可以看到一排排仓库和一片热火朝天的场景。在色彩缤纷的集市上，商家热情地兜售他们的商品。岸上的一个个货摊，卖

在丹嫩沙多水上集市贩卖新鲜农产品的船只

水上市场商品种类多样

得最多的就是纪念品，例如扇子、帽子和各种香料，不过在这里，你很可能会花一些冤枉钱。

如果想要游览水上集市，参加旅游团是一个不错且非常方便的方法，但时间可能会比较紧张，一路上也会非常匆忙。参加旅游团时，游客很可能会被强行带到例如一家名为“糖工厂”的市场、各个水上集市，或者一家手工艺品店等购物地点。

如果是自由行的话，你可以从曼谷南部的汽车终点站乘车。首班空调车发车时间是早上5点，车程大约两个小时，下车之后你需要走2千米，或者乘坐宋条车去集市中心——Talat Khlong Ton Khem。

小贴士

- 乘船通常不是按人头算费用的，不管船上有多少人，价格都一样，具体价格要看你的讲价能力，因此最好几个人一起租船。
- 市场每天的营业时间是6:00—11:00。
- 如果你想避开人流高峰，可以选择在丹嫩沙多过夜，第二天早上9点前，人不多的时候参观集市。
- Talat Khun Phitak运河是最安静的水上集市。在Khlong Thong Lang可以租一辆水上巴士到这里，沿途还可以欣赏周围葱郁的椰树种植园。

其他好去处

北碧伊拉旺瀑布有7层，这是其中的一层

伊拉旺国家公园、地狱火隘口 5

北碧伊拉旺国家公园（Erawan National Park）的瀑布宏伟壮观，是泰国国家的象征。伊拉旺瀑布有7层，每一层下都有一个水池，池水清澈见底，让人有游泳的渴望。公园里一条2千米的小径可以通向第三层的瀑布顶端，上去时一定要穿一双合适的鞋。这座公园距离北碧镇65千米，在泰国人中非常受欢迎，尤其是在周末和假日，很多人会来这里。如果你想有一段安静的旅途，请尽量避开这些时间。北碧徒步旅行包括骑大象探险、观赏瀑布、竹筏漂流，这些活动都比较耗体力，很辛苦，所以这不是简单的徒步旅行。

从北碧出发去Nam Tok，乘坐火车，沿着死亡铁路的一段铁轨，穿过桂河大桥，这段行程大约需要2个小时。沿途有壮丽的景色，但也严酷地提醒着游客那些修建铁路时耸人听闻的故事。

在Nam Tok西北方18千米处是地狱火博物馆（Hellfire pass Memorial Museum）。这家博物馆地处所有山口的最高处，是“死亡铁路”最危险的一段。当年战犯被强迫要穿透岩石，他们称这里为“地狱火”，因为在他们不眠不休、辛苦做工时，摇曳的火光营造了噩梦般的场景。修建这段铁路的人有3/4死在了这里。地狱火博物馆永远铭记着这些逝去的人，里面保存了一些幸存者的叙述记录。90分钟的纪念之旅会路过一座大桥（Pack of Cards Bridge），这座桥曾坍塌3次，因此战犯们给它取了这个名字。北碧府和双卡府之间有班车途经地狱火博物馆，停靠在Nam Tok。返回Nam Tok和北碧府的末班车16点半左右会经过地狱火博物馆。

继续沿路再走10千米就是赛约国家公园（Sai Yok National Park），这里有巨大的瀑布、石灰石岩洞、柚木林以及天然泉水。野生动物主要有长臂猿、麋子，以及世界上最小的哺乳动物——猪鼻蝙蝠。这里也是电影《猎鹿人》中那些骇人场景的拍摄地。你可以住在公园的小屋中（可通过www.dnp.go.th预订），但需要自己带食物，因为这里没有餐厅。

伊拉旺国家公园
- 0 3451 6530
- www.dnp.go.th
- 8:00—18:00
- 200 泰铢

地狱火博物馆
- 位于纪念路的起点
- www.hellfirepass.com
- 9:00—16:00
- 免门票，接受慷慨捐赠

赛约国家公园
- TAT in Kanchanaburi
- 0 3451 1200
- www.dnp.go.th
- 8:00—18:00
- 200 泰铢

彭世洛 6

彭世洛是泰国的主要旅游景区，它位于南河沿岸，是一座知名的历史古城，自大城王朝时改名至今，曾是陪都。这里大多数地区是平原，东部有连绵的山脉，瀑布和国家公园给行走大自然带来了良好条件。

历史上，彭世洛从高棉时期起曾是一个主要的人居社区，并在素可泰和大城时期曾一度繁荣昌盛。在1463—1487年期间，它实际上曾是一直居住在这里的大城国王Borom Trailokanat的皇室首府。

拉查布拉那寺（Wat Ratchaburana）

位于南河东岸，华西拉丹那玛哈泰寺的南边。这里的圣殿以其屋檐上跃出的三头大蛇（神话中的大蛇）的精美雕塑为特色。寺院中佛像破碎的肢体散落在各个角落，构成了一个未解的谜。19世纪早期的壁画也为这座寺院的神秘气息增添了不少光彩。它由博咙泰洛卡那国王建造，博咙泰洛卡那国王在彭世洛居住了25年，这座寺院在他为该府推行佛教时发挥了重要作用。

佛统府的佛统塔

那叻逊国王神殿（King Naresuan the Great Shrine）

靠近河西岸，在前象（Chan）宫之上，是那叻逊国王的出生地和居住所。那叻逊国王是一位抵御缅甸侵略的明君，他宣布从缅甸独立时的场景雕塑成为这座寺院著名的景观。国王的雕像雄姿英发，现在仍然可以看出他当年的英武果断。

帕西雷达纳玛哈泰寺（Wat Phra Si Rattana Mahathat）

国家级重要庙宇，通常被叫作页寺（Wat Yai），也叫华波罗玛它木昂查亮寺（Wat Phra Borommathat Mueang Chaliang）或者华普朗寺（Wat Phra Prang），在14世纪时原本是在永河东岸，现在在永河大拐弯处的西岸。寺院供奉着被认为是全泰国最漂亮和最优雅的大佛像——一尊素可泰式的法拓沁那拉佛（Phra Phuttha Chinnarat）坐式铜像，时间上可追溯至14世纪。还有藏经阁旁的一尊立佛，体态轻盈，血肉丰满，轻轻合上的双眼和微微上扬的嘴角都体现出佛家的超然，堪称素可泰时期佛像的杰作。该寺另外的特色就是佛像大厅1756年由皇家工匠建立的镶嵌珍珠的大门。

民俗博物馆（The Folklore Museum）

博物馆位于该城镇维素卡萨（Wisutkrasat）路，被认为是全泰国最大并且藏品最多的收集本土艺术和工具的博物馆，其中包括陶器、古代炊具和农业用具等，表现了当地人们的生活方式和伟大的创造力。该博物馆的创始者拓维博士已被指派为雕刻品和本土艺术品收藏保管的领导者。他也经营了一个专门铸造佛像和雕像的铸造厂，位于博物馆的正对面，吸引了大量游客。

佛统 7

佛统位于曼谷以西56千米处，佛统塔是佛统的主要景点。据说佛统塔是世界上最高的佛教纪念碑。通常游客都会选择从丹嫩沙多水上集市和北碧镇返回曼谷的途中，挤出时间参观佛统塔。

虽然这里不像其他地方有那么多游客，但是佛统被认为是最古老的城镇，而且是佛教传入泰国的第一站。佛统有两个主要的博物馆，令人困惑的是，它们都叫作佛统博物馆。比较新的博物馆里收藏了6—11世纪的当地艺术品，而另外一座博物馆只有一个小房间，里面收藏了很多护身符和中国瓷器，以及泰国乐器和珍宝。

佛统博物馆

✉ Phra Pathom Chedi

☎ 0 3424 2500

🕒 周三—周日：9:00—16:30

¥ 70 泰铢

华富里 8

华富里是泰国最早有人居住的城镇之一，这里的一大特点是猴子数量众多，已经成为当地的一大景观。11世纪时，华富里曾是高棉的省府，17—19世纪曾作为泰国的第二首都。那莱国家博物馆（Narai National Museum）是17世纪宫殿建筑，收藏了很多与古代风俗相关的资料和佛像。帕西雷达纳玛哈泰寺（Wat Phra Si Ratana Mahathat）里有一座12世纪的高棉塔。这两个地方都值得一看，而且离火车站非常近，走着过去就可以。去Wat Phra Phutthabat也有公交车，相传这座寺庙里有佛陀的足迹，寺庙位于城镇东南17千米处。

✉ Ropwat Phrathat Road

☎ 0 3642 2768/9

那莱国家博物馆

✉ Sorasak Road

☎ 0 3641 1458

🕒 周三—周日：9:00—16:00

¥ 150 泰铢

帕西雷达纳玛哈泰寺

🕒 8:00—18:00

¥ 免费

甘烹碧历史公园 9

在13世纪，这座古老的河畔城镇就是素可泰王朝的一部分，也是高棉帝国的中心。今天，作为府会，甘烹碧对部分古老的建筑进行了修缮，其中包括这座历史公园，现已被列入世界文化遗产。主要名胜有玉佛寺，里面有很多佛像因风雨侵蚀而损坏。泰国最著名的佛像玉佛曾经被供奉在这里，现在被保存在曼谷的玉佛寺内。

普拉寺（Wat Phrathat）和桑普拉伊桑堂（San Phra Isuan Shrine）也可以参观一下。国家博物馆里保存了很多来自泰国，特别是甘烹碧府出土的文物。国家博物馆旁边就是省立博物馆，展品再现了甘烹碧的历史和传统习俗。在城墙外北部的森林中坐落着一个寺

沿途美景

- 在伊拉旺国家公园里（➤P104）有一条通向瀑布的小路，值得一去。
- 从北碧乘坐火车去三塔山口，需一天时间，沿途风景优美。
- 从蕴朋县开始为期3天的徒步旅行，通常由饭店组织，包括徒步旅行、漂流、骑大象穿越丛林。

在甘烹碧的滨河上漂浮着巨大的水灯

边界国家

大约有700万孟族人居住在泰国和缅甸。孟族最初被认为是从印度和蒙古迁徙过来的，在缅甸南部，他们甚至在缅甸人还没有来到这片土地前，就已经建立了自己的王朝。几个世纪以来，他们一直饱受缅甸人压迫，从18世纪中期开始，孟族的语言就被禁止使用，在现代社会，与生活贫困伴随的强迫劳作、强奸和疾病更令人不安，这也是双卡府周围聚集了大量难民营的原因所在。

庙，这是禅修的僧侣建造的。

游客中心 0 5561 6228

甘烹碧历史公园

0 5571 1921

9:00—17:00

50 泰铢

国家博物馆

0 5571 1570

周三—周日：9:00—16:00

30 泰铢

省立博物馆

0 5572 2341

周三—周日：9:00—16:00

30 泰铢

蕴朋县 10

蕴朋县位于河畔，周围景色壮丽，但却鲜有游客光临。在和缅甸交界的偏僻地区，通过险峻的盘山公路或者呼啸穿过山地部落的“空中高速路”可以到达。这里非常适合徒步旅行，徒步前往湄索镇（Mae Sot）或者Tee Lor Su瀑布，都是不错的选择，也可以体验木筏漂流探险。在蕴朋县的村庄里居住的多是克伦族人，你可以看到大象在田里工作的场景。

蕴朋县南部，在通往双卡府的路上，有一个野生动物保护区，这里有泰国最大的瀑布。

桑卡拉武里 11

桑卡拉武里居住的多为孟族和克伦族人，所以缅甸语比泰语更为流行，几乎很少有人说英语。这里有一座水库非常著名，筑坝是为了防止桂诺伊河发洪水。你可以看到部分被淹没在水里的村庄和树木。Wangwiwekaram寺中的早市会出售中国、缅甸和印度的手工艺品。在基努·考岬水库（Kheuan KhaoLaem Reservoir）可以乘坐独木舟游玩，一座木质长桥横跨水库，通向热情的孟族人居住的地方。

蕴朋县村庄里克伦山地部落的孩子们

宿食购娱

住宿

双人房预计消费：
2 000泰铢以下 ฿　2 000泰铢~5 000泰铢 ฿฿　5 000泰铢以上 ฿฿฿

北碧镇

Felix River Kwai ฿฿~฿฿฿

这个度假酒店地处桂河西岸风景优美的热带花园中，从酒店到著名的桂河大桥，只需步行即可到达。房间有点老旧，但设施齐全，有两个大游泳池、桑拿浴室、健身中心和网球馆。

✉ 9/1 Moo 3 Thamakhan
☎ 0 3455 1000
@ www.felixriverkwai.co.th

Kasem Island Resort ฿

度假村位于北碧镇南面 Mae Klong 河上的一座孤岛上，可爱的茅草屋和船屋静静地矗立在那里。客房干净整洁，装修别有韵味，配有空调或电扇。度假村有竹筏漂流和钓鱼等旅行项目，还有一间不错的酒吧。每天 10 点以后 Chukkadon 码头有免费的渡船接送，停靠在小岛的北部。

✉ Kasem Island, Chukadon Pier, River Kwai
☎ 08 1499 4941
@ www.kasemisland.com

River Kwai Hotel ฿฿

酒店位于城镇中心，桂河不远处，历史悠久，很受欢迎。虽地处河畔，但却很好地隔绝了噪音，不管是白天的长尾船，还是船只上播放的迪斯科舞曲，都不会打扰到酒店里的旅客。所有房间都配有空调。这里距离“杰西”战争博物馆和盟军战争墓地很近。

✉ 284/15–16 Thanon Sangchuto
☎ 0 3451 3348
@ www.riverkwai.co.th

Royal Riverkwai Resort & Spa ฿~฿฿

酒店位于宁静的桂河岸边，有 60 多个房间，但距离城镇较远，不适合步行前往，有交通工具更方便。酒店里的花园景色迷人，在酒店的饭店可以远眺桂河。所有房间都设有阳台，可以饱览桂河全景。和曼谷、清迈的水疗馆相比，这里的价格比较便宜。

✉ 88 Kanchaburi-Saiyok Road
☎ 0 3465 3342
@ www.royalriverkwai.com

U Inchantree Kanchanaburi ฿฿

酒店位于桂河东岸，散发着独特的魅力。房间不大，但配有卫星电视、iPod 底座和 Wi-Fi。酒店的水上露天餐厅——Peppers，对游客来说是一个意外的惊喜。

✉ 443 Mae Nam Kwai

☎ 0 3452 1584

@ www.ukanchanaburi.com

大城

Baan Thai House ฿฿

这家小酒店坐落在幽静的花园中，距离 Pridi Damrong Bridge 仅几个街区。仅有的 12 个房间，分布在热带花园中，一些房间可以看到莲花池。店主特别热情，如果有需求，可以安排各种旅行路线。

✉ 199/19 Moo 4, Tambol Pailing

☎ 0 3524 5555

@ www.baanthaihouse.com

Kantary Hotel ฿฿~฿฿฿

酒店是新建的高层大厦，设施完备，服务人员热情友善。酒店距离市中心只需 10 分钟左右的车程。普通客房宽敞明亮，单卧室套房和双卧室套房更胜一筹，这两种房间配有厨房和洗衣机。所有房间都有私人阳台。

酒店设有大游泳池、桑拿馆、健身中心等公共设施。

✉ 168 Moo 1, Thanon Rojana

☎ 0 3533 7177

@ www.kantarycollection.com

Krungsri River ฿~฿฿

酒店位于 Pridi Damrong 大桥的东端，是城市中心不错的一家酒店，从酒店可以俯瞰繁华的巴沙克河（Pa Sak River）。从华丽的酒店大厅就可以一窥酒店的整体风格，客房装修得精致华美，不会让人失望。所有房间配有卫星电视和迷你酒吧。酒店的公共设施包括游泳池、健身中心、桑拿馆、保龄球馆、斯诺克台球桌和酒吧。酒店还有一家很棒的中国餐馆。

✉ 27/2 Moo 11, Thanon Rotchana

☎ 0 3524 4333

@ www.krungsririver.com

素可泰

Legendha Sukhothai Resort ฿฿

酒店地理位置优越，距离历史公园中心区景点不足 1 千米，适合热衷于探索古城的游客游玩。客房都是平房，在传统泰式花园中，一间间平房聚集在一个小池塘四周，可以看见壁虎在园中漫步，不过晚上要小心蚊子叮咬。早餐是很不错的自助餐，晚餐也不要错过，非常美味，分量很足，但样式不多。

✉ 214 Moo 3 Tambon Muangkao, Amphur Muang

☎ 0 5569 7214
@ www.legendhasukhothai.com

Lotus Village ฿

这是家度假村式酒店，离素可泰中心市场很近，店主是一对来自法国和泰国的异国夫妇。房间是纯木质平房，坐落在 Yom 河附近绿树成荫的花园中。主房里摆满了各式古董和有趣的小摆设，都是店主在旅行中收集的。这里供应早餐。店主夫妇对当地无所不知，要想了解当地情况，无须去旅游局，热心的店主会为你做详尽的介绍。

✉ 170 Thanon Ratchathanee
☎ 0 5562 1484
@ www.lotus-village.com

Sabaidee Guesthouse ฿

位置优越，处于公交车站和镇中心之间，酒店舒适优雅，提供多种住宿选择，有配电风扇和空调的平房，也有需和别人共用浴室的主楼房间。在热带花园中还有一个餐厅。酒店提供洗衣服务，可以租赁自行车和摩托车，也可上网。工作人员乐于为游客提供帮助，安排当地旅游路线。

✉ 81/7 M13 Charodwithithon Road
☎ 0 5561 6303
@ www.sabaidee-guesthouse.com

Tharaburi Resort ฿฿～฿฿฿

这是一家精品酒店，只有 5 间客房和一个现代亚洲装修风格的泰式平房。房价因时间和房型的不同而有所差异。有时会有优惠。花园中有一个舒适的餐厅，供应地道的泰国菜。度假村位置不错，去素可泰历史公园非常方便。

✉ 321/3 Muangkao Napoh Road
☎ 0 5569 7132
@ www.tharaburiresort.com

Grand Riverside ฿～฿฿฿

虽然这家酒店外观单调无奇，但内部重新装修后，房间宽敞，明亮舒适，还搭配有免费的 Wi-Fi 和空调。酒店的河景餐厅中，有一部分是露天的，餐厅主营泰国菜和欧洲佳肴，风味独特，美味可口。去附近河边的观光夜市享受一些地道的当地美食，也是不错的选择。酒店提供机场接送，非常方便。

✉ 59 Phra Ruang Road
☎ 0 5524 8333
@ www.tgrhotel.com

La Paloma ฿

酒店价格适中，设备优良，服务热情友善，主要面向泰国家庭。不要因为酒店安静的环境而惧于讲价，选择房间时尽量远离 7 层舞厅的房间。酒店还有一个游泳池和一家餐厅，餐厅主营传统泰国菜。

✉ 103/8 Thanon Srithamatraipidok
☎ 0 5521 7930/4
@ www.hotelthailand.com/phitsanulok/lapalomahotel

Sappraiwan Grand Hotel and Resort ฿฿

酒店位于彭世洛以北 50 千米的

山里，是一个放松休闲的好去处。周围群山环绕，郁郁葱葱，环境清幽，瀑布与河流相伴，空气清新惬意。不远处的Kaeng Sopha瀑布美丽壮观，如果想去，可询问服务员，他们会很乐意提供相关信息。所有房间都在一栋主楼内，从房间里可以看到河景或者热带花园景色，每个房间都有卫星电视，以及考究的木质家具。在酒店周围，约150公顷范围内，一座座小木屋散落其间，木屋有单卧室的，也有双卧室的。酒店里有一个健身中心、一个游泳池。

✉ 1/79 Moo 2, Tambon Kaeng Sopha
☎ 08 1533 7288
@ www.resort.co.th

Topland Hotel ฿~฿฿฿

酒店位于市中心，是一家大型现代酒店，有着装修精美的房间和一流的服务设施。炎炎烈日下，游玩了一天后，坐在宽敞的大理石浴室的蒸汽浴缸里，冲上一个热水澡，可以缓解一身的疲劳，是放松的绝佳去处。酒店和托普兰广场购物区相连，购物区内有一家商场和几家稍小的商店，满足你的各种购物需求。也有很多美食店，其中有一家托普兰餐厅，食物味道正宗，可以一试。

✉ 68/33 Thanon Akathodsarod
☎ 0 5524 7800
@ www.toplandhotel.com

华富里

Lopburi Inn Resort ฿~฿฿

华富里是泰国中部最具魅力的城市之一，非常值得一看。但遗憾的是，到华富里的游客很少有人会在这里过夜。这家酒店位于老城外的西边，是这里最新、最豪华的酒店。所有的房间都装饰有各种泰国针织品和手工艺品，格调复古高雅，颇具泰式风情。酒店中的76个房间的命名很有意思，分别是以泰国76个府的名字命名的。公共设施包括一个桑拿馆、一家健身中心和一个大型游泳池，服务完善，非常适合放松身心。酒店的Kongjee中国餐厅非常不错，供应地道的中国菜。

✉ 144 Moo 3 Phahonyothin Road （Opposite Lopburi Inn Plaza）
☎ 0 3642 0777
@ www.lopburiinnresort.com

湄索镇

Central Mae Sot Hill Hotel ฿฿

蕴朋县紧凑的旅途后，一定会非常疲惫，而这里不失为一个放松休息的好地方。酒店很大，而且舒适，配有网球馆、游泳池和健身中心，供旅客放松休闲，酒店距离泰缅边境的友谊大桥很近。大桥横跨莫伊河（Moei River），穿过大桥可以到达缅甸的边境小镇米雅瓦迪（Myawaddy），游客可以在酒店接待处了解最新信息。

✉ 100 Asia Road
☎ 0 5553 2601/8
@ www.centralhotelsresorts.com

美食

每餐人均3道菜的价格（不包括酒水和服务费）：
300泰铢以下 ฿　　300泰铢~600泰铢 ฿฿　　600泰铢以上 ฿฿฿

北碧镇

Blue Rice Restaurant ฿฿

这是一家非常不错的屋顶餐厅，位于 Apple's Guesthouse 内，餐厅还有烹饪培训课程。该餐厅主要供应精致的泰国菜，包括招牌马沙文咖喱，这里的甜点十分美味，不要错过。河边还有一个地方，就是 Apple's Retreat，餐厅周围是一个果园，夕阳西下，可以在美景之中惬意地享受一顿晚餐。

✉ 153/4 Moo 4 Sutjai Bridge
☎ 0 3451 2017
@ www.applenoi-kanchanaburi.com
🕘 9:00—22:00

Felix River Kwai ฿฿

餐厅位于Felix River Kwai酒店内，三餐都不错。亚洲各地食物和国际菜品都有供应。餐厅靠近河边，可以边就餐边欣赏景色。从餐厅出来，一些人不喜欢走路回家，因为桥上有很多流浪狗。

✉ 9/1 Moo3,Thamakham，Amphur Muang
☎ 0 3455 1000
🕘 7:00—21:30

大城

Phae Krung Kao ฿฿

这是一家位于巴沙克河上的水上餐厅。这里非常适合坐下来，一边休息一边观看环城河上举行的各种活动。餐厅的菜色以海鲜为主，也有鸡肉和猪肉做的泰国菜，在当地人中非常受欢迎。

✉ South of Pridi Damrong Bridge,Moo 2 Thanon U-Thong
☎ 0 3524 1555
🕘 10:00—21:00

素可泰

Dream Café ฿฿฿

这是素可泰外观最吸引人的餐厅，餐厅内部摆满了古香古色的小装饰品，餐桌隐藏在角落里，周围环绕着木板墙，主要经营泰国菜和西餐。

✉ 86/1 Thanon Singhawat
☎ 0 5561 2081
🕘 9:30—23:00

Poo Restaurant ฿

餐厅招牌菜是经过创新的泰国传统美食冬阴功汤，创新之处在于店家往里面加入了伏特加酒。这里的啤酒种类繁多，同时也供应其他酒水。餐厅简朴整洁，气氛温馨，服务贴心。也可应要求为素食者定做素食。这里的冰激凌甜点堪称一绝，绝对不要错过。

✉ 24/3 Thanon Jarot Withithong
☎ 0 5561 1735
🕘 10:00—22:00

彭世洛

Rim Nan ฿฿

这是一家水上餐厅，坐落在难河西岸，看起来更像一座灯火通明的游轮。餐厅里有英文菜单，招牌菜是烤牛肉。在炎热的季节，河上凉风阵阵，无论是白天还是夜晚，坐在餐厅中休息放松一下，都不失为一种让人愉悦的享受。

✉ 63/2 Thanon Wang Chan
🕘 12:00—14:30，19:00—22:30

购物

大城

Bang Sai Royal Folk Arts and Crafts Centre（✉Tambon Chang Yai, Bang Sai ☎0 3536 6252 ¥价格适中）是培训当地人制作手工艺品的地方，中心货物充足，有很多销售点。中心位于大城西南部24千米的地方，值得一去。

在主城的边缘，很多商场聚居于此，形成了一个现代大型购物中心，这就是 Ayutthaya Park Shopping Mall（✉126 Thanon Asia，Klong Suan Plu District），里面商品多样，可供游客购买所需的物品。

素可泰

由于素可泰北部的西萨查那莱（Si Satchanalai）和宋加洛（Sawankhalok）地区发现了优质黏土，古老的传统陶瓷业得到了极大发展，成为当地的重要产业之一。西萨查那莱和素可泰的很多地方销售陶瓷。

西萨查那莱和宋加洛的窑厂已经有好几个世纪的青瓷生产历史了。在当地的商店中，你很少能看到青瓷，但你可以在宋加洛的主要工厂购买，就在彭世洛高速公路的加油站的对面。

素可泰的黄金白银饰品因其华丽的样式而远近闻名，素可泰的彩色搪瓷也很有名，来这里的游客一定不要错过。素可泰北部3千米处的宋加洛路上，有很多卖金银饰品的商人。Lumchad Ancient Silver（✉340/5 Sawankhalok Road @www.silver-sukhothai.com）中有很多银器可供选择。Sathorn Gold and Textile Museum 以及博物馆商店里都销售品质上好的金银饰品和当地的纺织品（✉Highway 101，Si Satchanalai @www.sathorngoldtextilemuseum.com）。

娱乐

节日

一年中最隆重的盛事就是北碧府桂河大桥节，从 11 月末持续到 12 月初。节日期间，有很多活动都在这座著名的大桥（➤P100）上举行，包括每天晚上的音乐表演。

水灯节（➤P41）是泰国最重要的传统纪念活动之一，一般在 10 月末开始，到 11 月中旬结束，人们到素可泰历史公园点燃水灯，并放到河中，旁边古老的纪念碑在灯光的映衬下呈现出美丽的色彩，让人浮想联翩。

休闲

位于 Asia 路 126 号的大城公园附近有多处休闲娱乐场所，这里有一家保龄球馆、多家电影院和一个海洋世界。

户外娱乐

Safarine（☎08 6049 1662 @www.safarine.com）公司可以为各个年龄段的游客定制丛林旅游和河上旅游。

Good Times Travel（✉63/1 Mae Nam Kwai Road ☎0 3462 4441 @www.good-times-travel.com）可以安排各种旅行，行程从半天到 4 天不等。

夜生活

北碧有很多不错的酒吧，主要集中在沿河地区。

Resort（✉318/2 Thanon Mae Nam Khwae ☎08 1847 9227）是一家高档酒吧，晚上有现场音乐表演。

Chopper（✉Thanon Prawet Nakhon）酒吧在素可泰新城非常受欢迎，酒吧很大，现场气氛活跃。酒吧有一个露天餐厅，晚上也有现场音乐表演。

北部

地区概要

来泰国的旅行者，多数去北部朝圣，在绿树成荫的清凉山里放松身心，在乡村购买最精致的手工艺品，在山地部落徒步旅行。清迈，这座古朴和现代气息完美融合的城市，是北部的重要旅游目的地。这里庙宇林立，老城护城河环绕，夜市众多，这一切吸引着大批游客蜂拥而至，流连忘返。清迈是学习烹饪泰国菜的理想之地，同时也非常适合学习泰语，体验佛学禅修。

泰国北部地区曾被兰纳王国统治，“兰纳”意为“万亩稻田”。巧克力色的河水和飞流直下的瀑布灌溉着这片富饶的土地。这里生活节奏缓慢，你可以花几个星期享受悠闲的生活，探访山地部落，它们多隐藏在植被茂密的群山间。山间清新的空气是在曼谷享受不到的。

北部最著名的地区是缅甸、老挝边境的金三角，在20世纪六七十年代，这里毒品走私活动猖獗，现在从这里可以去邻国旅游。金三角北部山脉纵横，其中有泰国最高峰——因他暖山峰，海拔2 565米。因他暖峰所属的因他暖国家公园，非常适合徒步旅行。

环绕夜丰颂府的群山，山顶烟雾缭绕

必游之地

1 清迈 ➤P120

2 清莱 ➤P123

3 夜丰颂 ➤P125

徒步旅行　自驾游　骑大象　公园/植物园

寺庙　古迹　漂流　纪念馆/博物馆

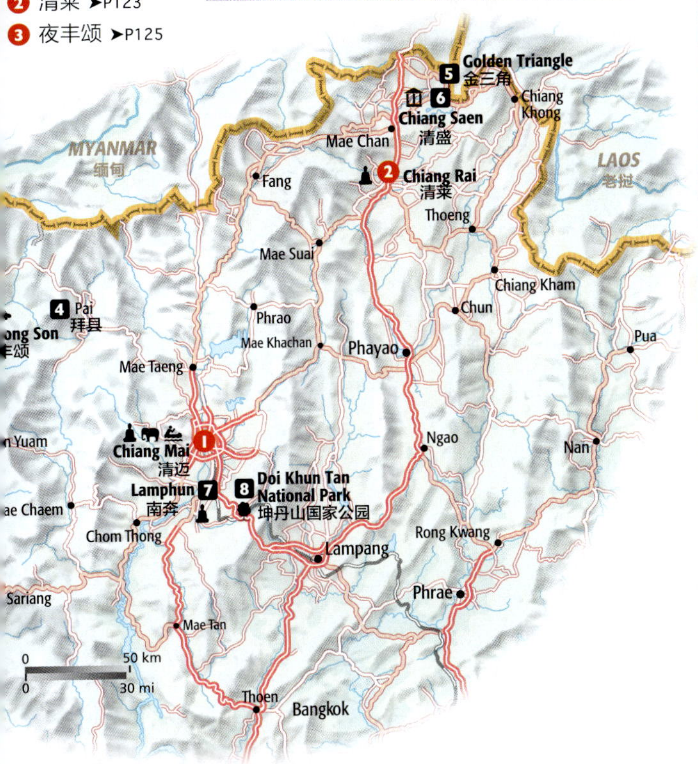

其他好去处

4 拜县 ➤P127

5 金三角 ➤P127

6 清盛 ➤P128

7 南奔 ➤P128

8 坤丹山国家公园 ➤P130

一名僧侣正进入夜丰颂的一座庙宇

7日行程推荐

如果你还没有确定自己的行程，那么本书中的七日行程推荐也许会对你有所帮助，带你度过一段快乐的泰北之旅。本行程主要以前面“地区概要”中的景点为参考，开始泰国之行。

清迈工艺品

第1日

清迈古城→山区部落博物馆→素贴寺→清迈夜市

上午

从曼谷去❶清迈（➤P120～122）最舒服的方式是坐飞机，或者乘坐夜间卧铺火车。到达目的地后，租辆自行车或者步行，花上几个小时，游览清迈古城，参观清迈护城河和寺庙。然后乘坐嘟嘟车去城外的山区部落博物馆（Hill-Tribe Museum，➤P122）。

午餐

山区部落博物馆坐落在Ratchamangkala公园里，所以你需要从当地市场买些吃的或者请你入住的酒店为你准备午餐。

下午

搭乘宋条车前往山里，参观北部最重要的寺庙——素贴寺（Wat Doi Suthep，➤P120），欣赏周围乡村秀丽的景色。

晚上

绝对不要错过清迈夜市（➤P121）的奇景，可以在这里购买一些手工艺品或者纪念品，也可以到各个摊位随意浏览。然后在Brasserie（➤P142）吃晚饭，欣赏夜间的现场音乐表演，品尝可口的鸡尾酒，这里一直营业到第二天早上。每到周末，这里都人满为患，想去的话最好早点出发。

第2—4日

山地部落社区

清迈街景

从清迈出发，开始为期3天的徒步旅行（➤P131~133）。多数人会选择每天步行几个小时。骑大象旅行或者竹筏漂流也是不错的选择。山地部落社区是这里的主要景点，游客通常住在村里的木屋里。旅途结束后返回清迈。

第5—7日

夜丰颂府→清迈古城文化中心

从清迈出发，可以驾驶吉普车去❸夜丰颂（➤P125~126），最后再返回清迈，路上可以看到很多颇具特色的村庄。如果你回来得及时，还可以去清迈古城文化中心（Old Chiang Mai Cultural Center）欣赏泰国传统表演，品尝北部特色菜，表演一般在19:00—22:00。

清迈夜市

必游之地

1 清迈

清迈是泰国第二大城市，清迈府首府拥有寺庙100多座，清迈气候凉爽宜人，外国游客众多，是个放松休闲的好地方。在长途跋涉前，最宜在清迈逗留几天。护城河环绕的老城，残留的部分城墙，犹如手工艺品宝库的泰国最大夜市——清迈夜市，一切都在邀请游客驻足而观。

素贴寺

这座山顶寺庙位于清迈以西16千米处，乘坐宋条车即可到达。相传该寺庙的位置是由一头神圣的白象选定的。它来到此地，大声吼叫后绕着这里转了3圈，然后就死在了这里。素贴寺是泰国北部最重要的庙宇，在重大宗教活动时，这里会举行烛光游行。该寺也是国家公园的

充满传奇色彩的清迈素贴寺

一部分，里面鸟类繁多。

其他寺庙

参观城内所有寺庙需要好几天，因此可以先参观最有名的3座，走路半个小时就可以游览完。

帕辛寺（Wat Phra Singh）位于Ratchdamnoen路的最西边，是一处很吸引人的建筑群。庙中一座建于14世纪的佛塔里供奉着卡福王（King Kam Fu）的遗骨。木质的莱卡僧院（Viharn Lai Kam）是兰纳王朝建筑的典型代表，三座备受尊敬的帕辛佛像中，有一座就存放在这里。据传这3座佛像建于2世纪。青铜佛像周围是18世纪精美的壁画，描述了当地的生活。

契迪龙寺（Wat Chedi Luang）在Phra Pok Klao路上（不在Ratchdamnoen路上），内有一座60米高的砖砌佛塔，曾存放过玉佛，这尊玉佛之前存放于曼谷玉佛寺（➤P64～66），现在已经毁坏了。清迈的市柱，国柱神庙，又称精神支柱，保存在契迪龙寺。

清曼寺（Wat Chiang Man）在Wiang Kaeo路附近，是清迈最古老的寺庙。从右边主门进入寺庙，就可以看见两座珍贵的巨大佛像，分别由石头和水晶制成。

清迈夜市

清迈夜市是购物的天堂，琳琅满目的商品，无所不有。既有漆器、木雕、银器、古董和香料，也有各种假香水、仿名牌产品和游客丢的垃圾。小心那些标有“100%真丝”的商品——通常都是黏胶或涤纶材质的。夜市位于长康路上，在Tha Phae路和Si Don Chai路之间。夜市18点开始，一直到24点。

距离此地两个街区远的就是瓦洛洛市场（Warorot Market）。市场8点开市，17点结束，主要销售当地商品和农产品。

砍价

清迈商店和市场上出售的商品通常价格虚高。商家的要价通常比他们的心理价位高出很多。最后付多少钱，就取决你讲价的本事了，一定要狠砍价，但要有礼貌。有个方法是先给出一半的价格，然后一点点加价，直到双方满意为止。

夜市中闪烁的灯光

山区部落博物馆

泰国北部的山地部落居民大约有75万，将近一半的人口是克伦族。在过去的20多年间，大约有100万的难民从老挝、缅甸和柬埔寨涌入泰国（其中3/4是来自缅甸的克伦族人），躲避军事独裁统治。难民中有几百个长颈族妇女（➤P126），住在旅游村招待游客，收取门票，或进行自我展示，就像动物园里的动物一样，供好奇的游客参观。

山区部落博物馆里有很多外观精美、吸引人眼球的展品。每个部落都有自己的信仰、服饰、文化和农耕方式。

博物馆位于清迈郊区的Ratchamangkhala公园里，坐落在湖中心的3层亭阁中，单就地点而言，就值得游客走一趟。位于一层的手工艺品中心很容易被忽视，里面收藏了各种当地的艺术品、手工艺品和纺织品。这家手工艺品中心门票价格便宜，值得一看。

放松一下

在Ratchamankha路上，有一家名为Huen Phen（➤P142）的餐厅，里面的泰国菜不错，可以品尝一下。

✉ 105/1 Thanon Chiang Mai-Lamphun,LekBridge 对面
☎ 0 5324 8604 ⏲ 8:30—16:30

山区部落博物馆
✉ Ratchamangkhala Park ☎ 0 5321 0872
⏲ 周一—周五：9:00—16:00 ¥ 免费

小贴士

- 在城内游览时，可以租一辆自行车，切记不要骑到环城的高速公路上去。
- 南希·钱德勒清迈地图（在报亭和旅游纪念品店都有售）详细介绍了清迈夜市和瓦洛洛市场的情况，上面还有很多旅游贴士、郊区旅游线路以及出行方式介绍。
- 4月—6月期间，清迈天气很热，此时来旅游，最好预订有游泳池或者公共浴池的酒店。
- Chiang Mai Land Sports Club（✉ Soi 8–10 Chiang Mai Land Road ☎ 0 5327 2821）对非会员开放，里面有30米长的游泳池、网球训练场和简易餐厅。
- 山区部落博物馆的湖边空地上，有很多山地部落房屋模型，每个部落的房屋建筑风格各不相同。

2 清莱 2

清莱位于泰国北部，建于1262年，这里气候凉爽，景色秀丽，生活缓慢悠闲，是一座宁静简朴的小城。它以清幽的景致和充满历史沧桑感的庙宇、质朴的山地村落，吸引着世界各地的游客。除了是泰北的重要旅游地，其战略地位也非常重要，是泰国重要的边境口岸和贸易集散地。

历史上，清莱曾是泰国产鸦片最多的地方。举世闻名的金三角就位于清莱山区，是早期种植罂粟花和制造鸦片的地方。由于泰国政府推行禁烟政策，还辅导当地的少数民族以水果、蔬菜、手工艺品等产业来代替种植罂粟，后来又大力推行旅游业，使金三角逐渐成为泰北著名的旅游景点之一。

白庙（Wat Rong Khun）

白庙由泰国艺术家Charlermchai Kositpipat设计建造，也是他的心血之作。很多人来到清莱，就是为了看一眼这举世无双的建筑。整座寺庙既漂亮古朴，又极富现代感。在湛蓝的天空下，美轮美奂的白色庙宇以及镶嵌在墙面的玻璃时不时反射的耀眼银光，让人叹为观止。参观白庙时要注意，不要随意触摸白庙的建筑。另外，进洗手间前要换上门外的拖鞋。

美轮美奂的白庙建筑

黑庙庙顶

黑庙（Bandaam Museum）

与白庙相比，黑庙更像是一座博物馆，由多座原木结构的泰式庙宇组成，全数以黑色为基调，主题是地狱及死亡。展品包括原始部落的猎杀工具，以及牛角、头骨、蟒蛇皮等标本。黑庙里还有不少表达主题的现代装置艺术，例如用石头在庙宇前的草地上摆出原始部落的祭祀图腾，营造出一个“死亡”的世界。人们常常将其与白庙一起提起，白庙为“天堂”，黑庙则为“地狱”。不过，黑庙里也有造型可爱的古董车、木头小马等，可以缓解一下压抑、沉重的气氛。

放松一下

Phu Lae 餐厅位于 Pahoyothin 路， 味道是地道的泰国风味，是泰国本土人相当推崇的一家餐厅，人均消费约为 250 泰铢。

白庙

☎ 0 5367 3579 @ www.watrongkhun.org

◷ 9:00—18:00 ¥ 免费

黑庙

✉ 414 Moo 13 Nang lae, Muang, Chiang Rai

☎ 0 5370 5834

@ www.thawan-duchanee.com

小贴士

- 清莱气候凉爽宜人，年平均气温为24.6℃。每年的10月到次年的2月是前往清莱旅游的最佳季节。如果11月份前往，不要错过水灯节。
- 由曼谷、清迈都有航班直达清莱，可以在机场大厅的服务台预订前往各目的地的出租车。也可乘巴士、轮船等到达清莱。
- 清莱客运站和一些大型酒店都有租车服务。

3 夜丰颂 3

夜丰颂被称作“三季雾都”，常年薄雾笼罩，是一座只有10 000人的小镇。夜丰颂一直与世隔绝，直到20世纪60年代，一条马路的铺设才让这里结束封闭状态。尽管每天都有来自清迈的航班抵达，这里依然给人一种偏远的感觉。夜丰颂遍布着绿色的稻田、风景优美的瀑布和群山，被茂密的树林环绕，这座美丽的小镇就是缅甸人和山地部落族人的家园。

市镇

游客来夜丰颂多是去周边徒步旅行，这里的旅馆多得令人咋舌。帕德康摩寺（Wat Doi Kong Mu）在夜丰颂西侧，建在山顶，附近城镇和乡村景色让人流连忘返。站在寺顶，可以一览西边缅甸的群山全景。

环路

从清迈出发，一条长600千米蜿蜒陡峭的公路盘旋成环状（➤P134～138），自成一景，通向远方。这条公路大部分是第二次世界大战时日本人修建的。夜丰颂位于环路中间位置，这里的108号高速公路直

因他暖山国家公园内为庆祝诗丽吉王后诞辰而建的佛塔

长颈族妇女

长颈族妇女已成为巴东族一景，这可以说是最让人心生不忍的景观。她们为了逃离压迫，从缅甸迁徙过来。巴东族的女孩很小的时候就戴铜项圈，随着年龄增长，铜项圈数量逐渐增加。她们有人戴的项圈有30厘米高。妇女的长颈并不是因为这些铜项圈拉伸了脖子，而是压迫锁骨和肋骨向下生长。这些妇女被当作展品供游客参观，进村参观需要购买门票。这种展示主要集中在Nai Soi，距离夜丰颂西北部35千米远的一个村子里。很多游客看到这个场景都会觉得难受。对于是否让游客继续这样的参观，一直存在争议。但在缅甸，由于这种行为过于原始残暴，被视为违法，已经消失。

通清迈。走1095号公路可以从清迈直抵夜丰颂。在环路上，你可以选择任何一个方向出发。从夜丰颂出发，沿108号高速公路可以到达因他暖山国家公园（Doi Inthanon National Park），这个公园维护得很好，非常受游客欢迎，里面栖息着数百种鸟类。一条铺好的道路直通泰国最高山峰——因他暖山，可惜这座山海拔只有2 565米，很是令人失望。上山途中，有两座皇家佛塔，是为了庆祝泰国国王和王后60岁诞辰而建，表达泰国人民对国王夫妇（➤P32～34）的尊敬。穿过森林可以走盘山路，沿途风景如画，大概需要两个小时。

1095号公路上第一站是拜县，位于夜丰颂以东偏北100千米处。这里氛围悠闲慵懒，可以泡温泉，其他旅游设施完备，咖啡馆里都有网络。

沿拜河前行，就来到索蓬（Soppong）。这里有一个本地区最著名的山洞——罗特山洞（Tham Lot），洞中有一条河穿过，里面有无数的钟乳石和石笋。在这个山洞里还曾挖掘出数千年前人类居住的遗物。

放松一下

Golden Teak Restaurant（➤P143）露天餐厅是Imperial Mae Hong Son Resort（➤P141）的一家餐厅，在餐厅可以俯瞰度假村公园全景。你也可以去Bai Fern（➤P143）品尝中国菜或者泰国菜。

因他暖山国家公园

☎ 0 5328 6728-9 @ www.dnp.go.th ⏲ 全天开放 ¥ 200 泰铢

路线：从清迈或者湄沙良 (Mae Sariang) 出发，抵达 Chom Thong 即可。 公交车直达 Mae Klang 瀑布，然后转乘宋条车。

其他好去处

绿意盎然的拜县风光

拜县 4

拜县是泰北夜丰颂下的一个山谷小镇，这里青山绿水环绕，稻田花海相映，一派诗意的田园风光，吸引了国际观光客及泰国本地人前来度假。泰国浪漫电影《爱在拜城》更是使这里声名鹊起，吸引了越来越多的游客慕名而来。朴实自然的风光、悠闲的生活步调以及不算便利的交通，使这里有一种隔世的清新。

拜县纪念大桥（Memorial Bridge）

大桥距离拜县9千米，由日本士兵在第二次世界大战期间建成。每年的旅游旺季，都有成千上万的游客到此造访游览。在这里可以欣赏日落，看夕阳余晖映照在水面上，别有一番趣味。

恋爱咖啡馆（Coffee in Love）

恋爱咖啡馆如今已成为拜县的标志性景点，这里风景奇佳，黄色的小楼，红白相间的咖啡屋，大红的邮筒，唯美的花架，清新的鲜花，让人流连忘返。远望能看到绿油油的田野和连绵起伏的山峦，格外养眼。

草莓园（Strawberry Farm）

草莓园位于拜县的乡间小路边，外面有各种各样的道具供游客拍照，如草莓雕塑、花车、秋千、长凳、酒缸、心形门、留言卡片等。在坡顶有一处开阔地，可以俯瞰整个草莓园和背后的山景，使这里成为最受欢迎的摄影地之一。

金三角 5

金三角位于泰国、缅甸和老挝三国交界处，鲁瓦克河（Ruak）和湄公河（Mekhong）在此交汇。

每天有很多旅游大巴涌入苏鲁克（Sop Ruak）。苏鲁克有很多纪念品商店，还有两家大型的高档酒店。作为曾经盛极一时的鸦片交易中心，苏鲁克还有两个不错的鸦片博物馆，里面有很多和毒品相关的物品展出。鸦片博物馆（House of Opium Museum）位于村子中心，另一座叫作鸦片文史馆（Hall of Opium Museum）非常宏伟壮观，在通往湄赛河（Mae Sai）的路边。如果你赶时间，可以参观前一个博物馆；但如果时间充裕，可以仔细参观后一个博物馆。

普拉塔富山寺（Wat Phra That Phu Khao）在苏鲁克的山顶，登上山顶，可以纵览缅甸群山全景。

乘长尾船（限乘4人）游湄公河时，你可以看到老挝（可下船短暂游览）和缅甸境内气势恢宏的赌场和酒店。金三角天堂度假胜地，是由大毒枭昆沙建立的。

鸦片博物馆

✉ 212 Moo 1, southeast edge of Sop Ruak

@ www.houseofopium.com

🕒 7:00—19:00

¥ 50 泰铢

鸦片文史馆

✉ Moo 1，Sop Ruak

☎ 0 5378 4444/6

🕒 周二—周日：8:30—17:30

¥ 300 泰铢

鸦片

对于多数人来讲，一提起非法鸦片种植和交易，就会想起金三角地区。虽然自从1959年起，鸦片种植就被视为违法，但只有在最近几年，在政府强硬出击，减少种植后才取得了重大成效。现在泰国山地部落吸食鸦片的人还是很多，鸦片在泰国北部依然有人在种植，而且有的海洛因（鸦片提纯物）越过边境被销往了老挝和缅甸。

清盛 6

这座小城地处泰国北部边陲，湄公河沿岸，曾是泰国和老挝及中国贸易往来的边境要塞。现在，乘坐中国、老挝或缅甸的船只可以沿湄公河游览。清盛县建于14世纪，据传曾一度是某个古王国的都城，在1804年毁于缅甸人之手，后来重建，现在的清盛县概貌大约100年前就已经形成了。

清盛国家博物馆（Chiang Saen National Museum）其实不大，主要陈列一些兰纳王国时期的遗物和当地的手工艺品。在博物馆后面不远，就是契迪龙寺遗迹；清盛县周边有很多寺庙，其中值得一游的是Wat Phakhaopan，里面的佛塔和行走佛令人印象深刻。在这里四处逛逛，租乘摩托车和嘟嘟车都非常方便。

清盛国家博物馆

✉ 702 Thanon Phahonyothin

☎ 0 5377 7102

🕒 周三—周日：8:30—16:30

¥ 200 泰铢

南奔 7

这座宁静的小城坐落在库安河（Kuang River）沿岸，四周是一望无垠的稻田。南奔距离清迈仅有26千米。如果从清迈出发，安排一日游的话，这里是最好的去处。750—1281年，南奔曾是哈里彭才

站在苏鲁克村湄公河岸边，可以看见河对面的老挝

（Haripunchai）公国的首府。这里的许多古庙现在依然香火不断。

哈里彭才寺（Wat Phra That Haripunchai）据说建于11世纪。庙内最具特色的是一座15世纪的素旺佛塔，高46米，尖顶上是多层金色华盖。

这里还有一家很小的国家博物馆，收藏了一些宗教物品，包括一些佛像。古库特寺（Wat Kukut）在城市的另一边，有两座泰国最古老的佛塔。

适合儿童游玩的地方

- 在清迈，花上一整天或者两天一夜的时间，带孩子在大象自然基金会（@www.elephantnaturefoundation.org）参观营救大象活动。
- 因他暖山国家公园（➤P126）的游客中心有和野生动物互动的表演，主要面向孩子。
- 要想深入了解泰国饮食文化，可以参加烹饪班，非常有意思。
- 可以参观清迈动物园（@www.chiangmaizoo.com ⏲8:00—17:00 ¥100泰铢），里面的亚洲鸟类品种繁多，还有泰国大象和中国熊猫。

坤丹山国家公园内著名的异域兰花

国家博物馆

Thanon Inthayongyot

0 5351 1186

9:00—16:00

30 泰铢

坤丹山国家公园 8

公园面积225平方千米，横跨南奔和南邦府之间的群山。这里以前是官员的避暑胜地，里面的建筑主要由竹子、热带树木和松树建成。坤丹山海拔1 363米，公园就坐落在山顶，因兰花和其他绚丽的野花野草而闻名。花开时节，公园内姹紫嫣红，蜂飞蝶舞，分外好看。

这里距离清迈很近，有火车直达公园站，离公园总部只有1.5千米，但可能是泰国游客最少的国家公园。旅途中，火车行驶1 352米时，会穿过泰国最长的隧道，这条隧道直接穿山而过。公园中有一条步行小路直通山顶。公园总部提供地图，上面标明了总部周边的短途行走，以及通往4座主要山峰的路线，非常实用。

在公园总部附近，有小屋可以住，也可以宿营。周末或者假期的时候，游客往往比较多，去之前最好提前安排好行程。

0 5354 6335

www.dnp.go.th

200 泰铢

湄赛到缅甸

在泰国北部的湄赛，你可以找一天穿过边境，进入缅甸的大其力镇（Tachilek）购物。那里的市场上有很多人交易缅甸宝石和未切割的原石，价格非常便宜，但也要注意，真正遇到蓝宝石和红宝石的概率非常低——这里市场上的宝石，不一定都是真宝石。在大其力镇待一天，缅甸政府会征收10美元的税费，但好处是，征税后，你多了两个星期的签证，而且可以去位于Kengtung的中国边界旅行。乘坐当地的出租车去那里，来回只需30美元。参观大其力镇可以帮助你延长在泰国的旅游签证时间，很多外国人利用这一点可以合法地在泰国多留几天。

徒步旅行和自驾游

徒步旅行

对游客来说，泰国北部最大的诱惑莫过于徒步旅行。几乎每一个到达这里的游客都会抓住机会，徒步穿越丛林和群山，参观独特的山地部落村庄，在族长家里过夜。这样的旅行并不会特别辛苦。

骑大象穿越丛林在游客中非常受欢迎

徒步旅行多数由清迈旅行社组织，数百个旅行社提供的徒步路线覆盖了北部所有适合徒步的地区。清莱、拜县和夜丰颂也有旅行社，但是多数只提供当地徒步旅行。其他地方的旅行社虽然价格便宜，但很不规范，而且缺乏

参观部落注意事项

- 拍照前先询问。很多山地人看到别人给他们拍照会心生不安，尤其是孕妇和孩子。
- 虽然送山地人礼物没有什么不对，但有时可能会适得其反，给他们看家人照片或者家乡的明信片会更好一些。
- 着装得体，可穿衬衫或T恤，长裤或者长裙。
- 不要在公众场合有亲密举动，这对泰国人来说是一种冒犯。
- 尊重山地部落的信仰。在阿卡族部落，不要碰触或者坐在大门下方，也不要坐在大秋千下（阿卡族是所有山地部落中最贫困的民族，大门和入口处的秋千在他们看来是非常神圣的）。不要拍房间里的神龛，也不要触摸。

阿卡族节日里跳庆祝舞蹈的妇女

徒步旅行路线

■组织徒步旅行的旅行社数不胜数，游客首先要确定自己的需求。

■徒步旅行的天数为2天—14天，但目前最受欢迎的是3天的徒步旅行，对大多数游客来说，3天足够了。

■你想要去更偏远的地方吗？如果是，你就需要多付一些车费。

■在旅行中，你想参加木筏漂流或者骑大象吗？这些活动都非常有趣，广受游客喜爱。

■在下决定前，多和带队导游交流，不要只顾着和向你推销行程的人说话。这样你可以了解导游的英语水平和处事方式。绝大多数导游都可以说一点英语，并且知道如何与山地部落族人交流。

■可以向其他已经旅行回来的游客咨询，或者从旅游局获取有资质的旅行社名单。

■所有导游都必须依法取得导游证，并且佩戴旅游局颁发的导游徽章。

■徒步旅行费用明细一定要签订书面协议（例如，如果天变冷，能提供哪些食物和寝具）。

■不要强求准确的出发时间和返回时间，徒步游往往遵循的是悠闲的“泰国时间”。

■如果你参加的是入住酒店组织的徒步旅行，一定要和酒店确认，回来时给你预留房间。有些时候，当你出去旅行时，房间就被其他人定了。

■弄清楚一起参加徒步旅行的人都有谁，一般每队最多8个人。

■问清楚你参加的徒步旅行的强度，虽然多数路线并不像其他国家的那样艰苦，但也不会非常轻松。

■确定有两个带队导游，一个在前领队，一个在最后面保护。

监管。旅游业的经营者和游客都在不停地寻找下一个独具特色的山地部落村庄。20年前，拜县的宣传语就是“未被游客踏足之地”，而现在的拜县已经是酒店林立，有些开发过度了。

山地部落

我们经常提及的山地部落人其实是泛指100万山地部落人口，但这些“山里人”形成了很多个不同社区。山地部落族人最初是从不同国家和地区迁徙过来的，例如，克伦族来自缅甸，傈僳族、拉祜族和阿卡族来自中国的西藏高原，瑶族和赫蒙族来自中国云南等地。这些部落的信仰、服饰和农耕方式各不相同。

若想了解更多的徒步信息，可以先去参观清迈的山区部落博物馆，全方位地了解各个部落。

生态游

近几年，人们越来越意识到旅游对周围环境的影响，因此当地社区开始重点发展生态游，和以伦理道德为导向的旅游。

放松一下

组织徒步游的旅行社都提供食物，但最好确定一下是什么食物。村庄里的食物都是一些基本的，当然会有很多水果。如果你想要打包带走，就需要自己付钱。

清迈旅行社

Wayfarers Travel：20 Tapae Road，Soi 4，Chiang Mai 50100

0 5320 8271

www.wayfarersthailand.com

克伦族的一支长颈族部落的女孩摆出拍照姿势

夜丰颂自驾游

这条干净整洁的环路风景如画，号称“泰国屋脊”，是一条十分适合自驾的山区环路。沿途会路过多个山区部落村庄和山峰，以及“三季雾都”夜丰颂。这条路线之所以适宜自驾，还因为它恰好避开了旅游大巴常走的线路，并且游人罕至，因此自驾游格外自在。

1—2

离开清迈，驾车驶上107号公路，向湄林方向驶去。到达湄林后，沿着1096号公路行驶，沿途会看到不少路标指向大象馆、蝴蝶公园和兰花牧场等地点。相比之下，位于公路12千米处、游客较少的诗丽吉王后植物园十分值得一看。这座耗资100万英镑的植物园是在伦敦皇家植物园专家的帮助下修建而成的，里面有一座十分壮观的热带雨林展馆。

2—3

继续沿107号公路向北行进，左转拐上蜿蜒的1095号公路，朝着拜县前进。如果你对泡温泉很感兴趣，不妨在距离拜县10千米处的庞荣温泉停下来放松一下身心。

拜县曾是一个偏远的小山村，现在则是一个景色宜人的旅游地。这里各国美食餐厅林立，还有一家不错的爵士酒吧可供游客休憩（Pai River Corner ✉ Moo 3，Wiangtai ☎ 0 5369 9049 @ www.pairivercorner.com，内有装饰时尚、带有私人阳台的河景客房）。如果你想要体验更加简单的住宿环境，不妨再驱车几小时，到索蓬村过夜（Soppong River Inn ☎ 0 5361 7107 @ www.soppong.com，内有温馨的小型客房）。

3—4

从拜县出发，沿1095号公路继续向前行进20千米，便会进入一片景区。在这里停车休息，你可以俯瞰幽静的山谷美景。在进入索蓬村之前，请留意指向塔姆洞穴（Tham Lod）的路牌，那里有许多挂满钟乳石和石笋的山涧洞穴。路边茂密的农田令人心旷神怡。

驾车穿过拉祜村（Lahu Village），再越过一条河流，在交叉路口右转，便来到了班塔姆的克伦村（Karen Village）。这里的民居都是高高的吊脚楼。在塔姆洞穴的停车场上，有一块信息板会提示你如何获取导游手册，手册中有关于此地的历史介绍和一张洞穴的地图。游览洞穴时，建议你带上一把强光手电或是一盏小灯用于照明。游览结束后，如果没有下雨，可继续沿1095号公路行驶。如果雨势较大，行程艰难，建议原路返回（8千米）。

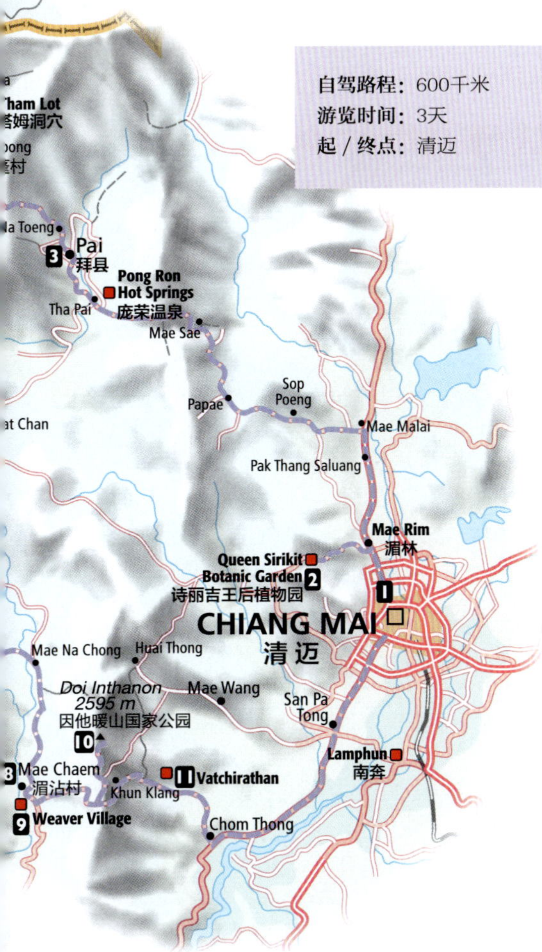

自驾路程：600千米
游览时间：3天
起／终点：清迈

4—5

回到1095号公路后右转，继续行驶15千米，路过索蓬村，再继续右转进入1226号公路，朝着湄拉娜洞穴（Tham Mae Lana）的方向前进。这座洞穴中奇石密布，还有一条长达12千米的小河横贯其中，据说是亚洲最长的洞穴。继续驾车前行，在路过哈布（Jabo）的黑拉祜村（Black Lahu Village）时，请留意右侧的美景。

右转，朝着山谷中的湄拉娜村前进。由于村庄位于泰缅边境，因此村里生活着有缅甸和泰国血统的迈伦人（Mai Lun）。不过，这里是不允许游客穿过边境线的。路边的小寺庙中供奉着缅甸神像，据说是当地人的保护神。

如果你还想继续洞穴探险的旅程，可以沿路返回到十字路口，向右拐驶向帕普艾克山洞（Pa Puek Cave）。山洞位于同名的村庄后面。

夜丰颂的旅游景点之一——多空木寺

5—6

回到1095号公路，右转后向前行驶40千米就会到达神秘的鱼洞（Fish Cave）。不知为何，这里总是聚集着大量的山鲤鱼。沿1095号公路继续向前开就会到达夜丰颂，在镇外唯一的红绿灯处右转，一直靠右行驶，便会到达山顶的多空木寺（Wat Doi Kong Mu）。这里山景秀美，寺庙中供奉的缅甸佛陀红唇白脸。相比之下，镇中心郑卡姆湖（Jong Kham Lake）畔的寺庙就要壮观得多。这些寺庙门口无一例外地栽种了菩提树，树荫遮蔽着供奉夜丰颂保护神的祠堂。传说佛祖就是在一棵菩提树下顿悟成佛的，因此菩提树也被佛教徒奉为神树。

雇用司机

如果你有精力的话，这段仅4小时的行程完全可以自驾游。但如果你不想开车的话，也可以雇用一个专职司机，费用和租用一辆四驱车的日租费差不多。你也可以从清迈出发，到达夜丰颂后返回，这样可以节省一半的游览时间。出发前，可以在清迈的任何一家报摊上购买环路地区的自驾游地图。

诗丽吉王后植物园内的宝塔

6—7

在夜丰颂过夜，次日继续沿108号公路向南边的湄苏林（Mae Surin）行驶。在坤元村（Khun Yuam）边，有一个破旧、低调的战争博物馆，里面的展品是日军1945年9月从缅甸盟军中撤退经过此地时留下的一些纪念品。如果你不感兴趣，可在村前左转进入1263号公路。

诗丽吉王后植物园

✉ Mae Rim, Chiang Mai ☎ 0 5384 1000 @ www.qsbg.org

🕒 8:30—16:30 ¥ 50 泰铢

7—8

穿过绿油油的稻田，自驾游的下一站便是湄沾村（Mae Chaem）。在湄沾村和孙姚村（Thung Yao）之间，桥前左边的位置，有一座挂满鲜花的木屋。这间小屋是当地人在修路过程中遇到问题时建造的。当地人开车经过时都会鸣笛致敬。

展示传统织布技艺的泰国妇女

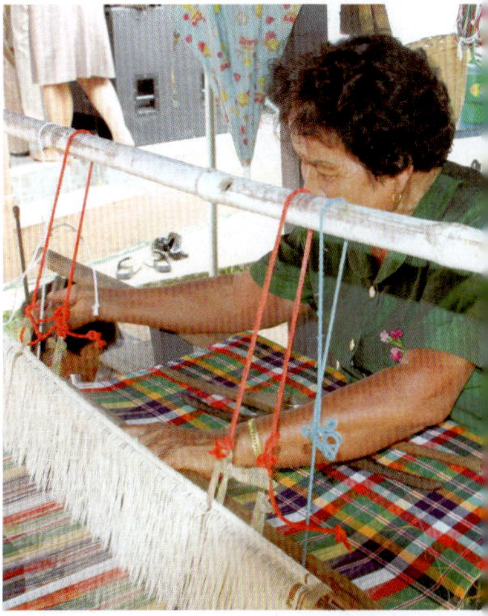

8—9

驾车穿过湄沾村，路过政府办公楼和警察局后右转，跨越一座大桥。在T字路口左转，沿路标驶向纺织村。

驶入村口后，沿路可见纺织机以及售卖布匹和手工布包的摊贩。尽管该村的商业规模不大，但仍得到了诗丽吉王后的大力支持，以拯救几近失传的手工织布技艺。

9—10

返回湄沾村，看到指向清迈的路标后左转，进入1192号公路。如遇雨季，路边会有水牛出没，还会有野生的蘑菇。驾车22千米后，在T字路口左转，朝因他暖山国家公园方向前进。开到尽头后，步行至因他暖山顶峰，它也是泰国最高的山峰。山下有两座为纪念当今国王和王后诞辰而建的皇家佛塔以及一个小型信息中心和一条迂回曲折的步行路。

10—11

返回1192号公路，左转后继续行进20千米，便会看到一座瀑布，名为Vatchirathan。在返回清迈之前，不妨在这里驻足欣赏。

放松一下

在因他暖山国家公园中心的皇家花园附近有几家餐厅，有新鲜的山涧鳟鱼料理。享用美食后，可以到邻近的Siriphum 瀑布附近散步。

因他暖山国家公园附近的Vatchirathan瀑布

小贴士

- 参观夜丰颂的最佳时间是11月到次年的3月，但这段时间夜晚比较冷。在6月—10月期间，这里大雨不断，旅行会变得非常困难。
- 可以忽略的景点：虽然一车车的游客蜂拥而至，但位于夜丰颂北部的鱼洞并没有什么可观之处，可以不去。

宿食购娱

住宿

双人房预计消费：

2 000泰铢以下 ฿　2 000泰铢～5 000泰铢 ฿฿　5 000泰铢以上 ฿฿฿

清迈

The Chedi ฿฿฿

酒店位于市中心湄滨河岸边。前英国领事馆旧址，现在领事馆的主楼已经成了酒店的餐厅。酒店有游泳池和水疗馆。客房铺设黑色抛光木地板，

与柚木和藤编家具、柔和的灯光营造出一种温馨的氛围。服务一流。

✉ 123 Charoen Prathet Road

✆ 0 5325 3333

@ www.ghmhotels.com

Four Seasons ฿฿฿

度假村隐藏在马沙山谷（Mae Sa Valley）间，是北部地区最高档的度假村之一，有一个占地8公顷的花园。在饭店可以看到两条小河蜿蜒流过，大片的梯田和田间的水牛。这里的住房多为亭阁式建筑，也有三四层的套房别墅。每一座亭阁都非常宽敞，全都用泰国丝织品装饰。套房别墅包括主卧、客房、儿童房、私人游泳池，并提供贴身服务的管家。这里的水疗馆设施高档，此外，度假村还设有烹饪课。

✉ Mae Rim-Samoeng Old Road

✆ 0 5329 8181

@ www.fourseasons.com

Lai Thai Guesthouse ฿

如果你打算在一年一度的泼水节游览清迈，这里是一个不错的住处。

宾馆位于护城河环绕的清迈古城内，价格合理，装修一般，但只提供基本住宿服务，没有太多的娱乐设施。酒店有一个游泳池，可以让游客放松休息。

✉ 111/4–5 Thanon Kotchasarn

✆ 0 5327 1725

@ www.laithai.com

Rimping Village ฿฿～฿฿฿

这家宁静的酒店客房高档豪华，每个房间都有一个可爱的花园露台，多花点钱非常值得。酒店位于城市中心，提供机场接送服务。服务员面带微笑，服务一流。

✉ 13/1 Soi 2，Chiangmai - Lamphun Road, Thanon Wat Gate

✆ 0 5324 3915/6

@ www.rimpingvillage.com

Tamarind Village ฿฿฿

酒店藏在清迈古城的中心，一排排灌木丛和竹林将酒店和繁华的街市隔开，自成一片宁静的绿洲。一座游泳池安静地卧在雪白的廊道间，一派简朴的风格。客房舒适，房间内是柚木家具，还精心摆放了很多精致古董。酒店内有一间水疗馆，你可以选择各种疗养方式。酒店还设有烹饪课程。

✉ 50-1 Rajdamnoen Road

☎ 0 5341 8896

@ www.tamarindvillage.com

Bodhi Serene Chiang Mai Hotel ฿฿

酒店位于古城东南角，口碑极佳，客房内必需品一应俱全，设施完善。设有花园、室外游泳池、按摩室等。走路几分钟就是周日夜市，周围饭店、酒吧、按摩院林立。

✉ 110 Ratchaphakhinai Road,Phra Sing

☎ 0 5390 3900

@ www.bodhiserene.com

At Chiang Mai Hotel ฿฿

这家装修古色古香的酒店就在三王像附近，地理位置优越，交通便利，距离清迈汽车客运站和火车站有 12 分钟的车程，距离清迈机场也只有 15 分钟车程。出了酒店，对面就是周末夜市。酒店可提供有偿机场接送。客人可以在游泳池畔放松身心，或在旅游咨询台安排各种观光旅行活动。酒店有各种国际报纸免费借阅，还有棋盘游戏供客人娱乐放松。餐厅在 7:00—23:00提供家常泰国美食和欧洲菜肴。

✉ 77/1 Ratwithi

☎ 0 5322 6608-9

@ www.atchiangmaihotel.com

Yaang Come Village Hotel ฿฿

这是一家泰北乡村风格的酒店，靠近老城，环境很安静。庭院舒适怡人，在游泳池畔享受美食或晒晒太阳，很惬意。房间布置得很有心思，到处都有花草。餐厅供应丰盛菜肴。

✉ 90/3 Sridonchai Road, T.Changklan

☎ 0 5323 7222

@ www.yaangcome.com

Le Meridien Chiang Mai ฿฿

这家因电影《泰囧》而名声大噪的酒店位于清迈夜市旁边，酒店一面对着古城，一面对着喧闹的夜市，地理位置优越。酒店的水疗中心提供康复按摩、全身水疗和综合疗法，为住客带来多重美妙的感官体验。健身馆设施一流，配有最先进的有氧健身器材，而室外游泳池则置身于城市和山川美景之中。酒店有 383 间客房和套房，包括配有按摩淋浴间的玻璃大理石浴室，为住客提供一流的体验。

✉ 108 Chang Klan Raod, Amphur Muang

☎ 0 5325 3666

@ www.lemeridienchiangmai.com

夜丰颂

Imperial Mae Hong Son Resort

฿฿

在夜丰颂主城偏南，有很多迷人的私人花园，度假村就坐落在这些美丽的花园中。这里悠闲惬意，生活节奏缓慢。客房是典型的泰国北部装修风格，不经意间又带着一丝缅甸风格。酒店和周围的柚木林互相映衬，相得益彰。露天餐厅的位置得天独厚，可以远眺花园和流水。一个游泳池藏在柚木林间。

✉ 149 Moo 8, Tambon Pang Moo

☎ 0 5368 4444/5

@ www.imperialhotels.com

金三角 / 苏鲁克

Anantara Golden Triangle

฿฿฿

这是一家超级豪华的酒店，极具传奇色彩。其建筑既体现了泰国北部经典风格，又不失现代气息。从酒店可以远眺湄公河和鲁瓦克河交汇处。酒店地处传奇的金三角心脏位置，周围是160公顷的巨大花园和竹林。酒店所有的房间都可以远眺老挝或者缅甸。酒店会组织各种活动，例如骑山地车或者大象，乘长尾船游湄公河等。

✉ 229 Moo 1, Chiang Saen, Chiang Rai

☎ 0 5378 4084

@ www.anantara.com

清莱

Dusit Island Resort Chiang Rai

฿฿~฿฿฿

酒店很大，但服务不是很周到。但不可否认，这是清莱最好的酒店。酒店位于蔻河中心，占据了整座小岛。酒店大多数房间配有观景阳台，可以看到周围连绵的山谷以及酒店内繁花盛开的漂亮花园。酒店各类设施完善，带给你一流的住宿体验。岛上有很多餐厅，但毫无疑问，首选是中国城餐厅。餐厅菜品丰富，中国菜味道正宗。

✉ 1129 Thanon Kraisorasit

☎ 0 5360 7999

@ www.dusit.com

The Legend Chiang Rai Resort

฿฿

酒店的位置优越，位于湄公河上的一座小岛上，离市中心只有几分钟路程。酒店服务热情周到，住宿条件优越，花园风景如画，都非常吸引游客。酒店空间开阔，还设有户外浴室，供游客畅游一番。酒店建筑以兰纳风格为主，材质采用本地的木材和砖瓦，颇具泰式风情。墙壁雪白干净，室内装饰色彩鲜亮，还别出心裁地搭配传统泰式手工艺品，里面的家具高雅、时尚，整体给人一种耳目一新的感觉。

✉ 124/15 Thanon Kohloy

☎ 0 5391 0400

@ www.thelegend-chiangrai.com

美食

每餐人均三道菜的价格（不包括酒水和服务费）：
300泰铢以下 £　300泰铢~600泰铢 ££　600泰铢以上 £££

清迈

Beccofino Trattoria ฿~฿฿฿

曼谷 Beccofino Trattoria 在清迈开设的分店，老板是意大利人。这家店主营木炭火炉烤的比萨。菜单上只有木炭烧烤食品和意大利面。如果你想尝鲜，可以一试。

20/2 Soi 7, Nimmanhemin Road
0 5322 6590
www.beccofino.co.th
11:00—22:30

Brasserie ฿฿

就在宾河东岸，九宝桥（Nawarat Bridge）附近，是一个吃晚餐的好地方。宾河沿岸有很多家不错的餐厅，但要想一边吃西餐或者泰国菜，一边欣赏现场音乐表演，非 Brasserie 莫属。

37 Thanon Charoen Rat
0 5324 1665
18:00至次日 1:00

Le Coq d' Or ฿฿฿

这是一家老店，已有 30 多年历史，招牌是法国菜。在这家餐厅中，可以选择在英式乡村风格的餐厅用餐，也可以选择在热带温室餐厅用餐。鹅肝酱很贵，但有很多价格适中的菜品，例如松露汤、蛋奶酥等。平时晚上有现场音乐表演，周日没有。

11 Soi 2 kohklang Road
0 5314 1555
www.lecoqdorchiangmai.com
12:00—14:00，18:00—22:00

Huen Phen ฿฿

白天，饭店在主楼供应地道美味的泰国北部菜；晚上，在主楼后面的一座古老的木屋中供应晚餐。特色菜包括红咖喱猪肉（差不多就是泰版的番茄腊肉）和鲜姜花生碎咖喱猪排。

112 Thanon Ratchamankha
0 5381 4548
8:00—15:00，18:00—22:00

Hinlay Curry House ฿~฿฿

全世界咖喱都汇集到了这家餐厅。餐厅不错，但有点不好找，所以最好打车。餐厅有一个临河的宜人花园。食物味道鲜美，价格合理。

8/1 Na Wat Gate
0 5332 4621
周一—周六：11:00—21:00

Lotus Restaurant ฿฿

餐厅位置有点偏僻，因此最好打车去。但在这里可以享受黎巴嫩美食。招牌菜品是串烤肉丸和串烤腌鸡肉，点餐时，建议搭配五道开胃小菜，口感更佳。饭后甜点可以尝试一下粗麦杏仁蛋糕和冰激凌。

Lotus Hotel,2/25 Thanon Viangbua
0 5321 5376
www.lotus-hotel.com
12:00—22:00

Moxie ฿฿

这家时尚餐厅装修考究，鸡尾酒与众不同，菜品新颖，甜点令人难以抗拒，在当地非常受欢迎。菜品走国际化路线，同时巧妙地加入了泰国菜元素。例如，在意大利面中加入清迈香肠和红辣椒。味道鲜美，与泰国传统菜肴完全不同。

✉ D2 Hotel, 100 Chang Klan Road
☎ 0 5399 9999
@ www.dusit.com
◷ 18:00—22:30

Old Chiang Mai Cultural Centre ฿฿

绝大多数游客来这里都是为了体验地道的泰国北部美食——康托克。康托克一般在古老的柚木房子进行，通常伴有泰国古典舞蹈和音乐。这里的主菜包括番茄炒肉、鲜姜花生咖喱猪排、炸猪皮等。

✉ 185/3 Thanon Wualai
☎ 0 5320 2993/5
@ www.oldchiangmai.com
◷ 10:00—22:00

夜丰颂

Golden Teak Restaurant ฿฿

隶属于帝国度假村（Imperial Mae Hong Son Resort ££）（➤P141），主营泰国菜，但如果你想要吃地道的西餐，可以来这里。西式早餐从早上6点开始，相当不错。

✉ 149 Moo 8 Pang Moo
☎ 0 5384 4444
◷ 6:00至午夜

Bai Fern ฿฿฿

这家迷人的古老餐厅主营泰国菜和中国菜。周围墙上挂满了具有当地特色的装饰品，烘托出友好的气氛。这是城内最好的餐厅之一，店内还配有烛光餐厅。

✉ Thanon Khunlum Praphat
☎ 0 5361 1374
◷ 10:30—22:00

金三角 / 苏鲁克

Border View ฿฿

隶属于帝国酒店，是一个非常漂亮的露天餐厅，从这里可以眺望金三角中心的湄公河，风景奇佳。厨师做得一手正宗鲜美的西餐，其他国家的菜品也不在话下。

✉ 222 Golden Triangle，Chiang Sean
☎ 0 5378 4001/5
@ www.imperialhotel.com
◷ 6:00—23:00

清莱

Aye's Restaurant ฿฿

餐厅位于热闹的夜市对面，设有户外座椅，可以一边观赏夜景，一边品尝美食。这家餐厅供应品种多样的泰国菜和西餐，味道正宗，价格合理，是品尝美食的绝佳选择。

✉ 879/4-5 Thanon Phaholyothin
☎ 0 5375 2534
◷ 7:00—23:00

Haw Nariga ฿

餐厅位于清莱钟塔附近，很容易找到，就是以这座塔命名的。餐厅非常受欢迎，总是人声鼎沸，尤其是午夜时分，因为这里是市内关门最晚的地方之一。建议品尝一下这里的泡菜猪肉和鸡蛋做成的一道菜，寒冷的北部夜晚，热乎乎地吃下去，不仅味道鲜美，也驱走了寒冷。

✉ 402/1-2 Thanon Banprakhan
☎ 0 5371 1062
◷ 10:00—23:00

南邦

Riverside Bar/Restaurant ฿

这家餐厅非常受欢迎，位于 Yom river 沿岸，主营泰国菜。不仅临近河边，而且是船屋形式的水上餐厅。食材新鲜，菜品丰盛。餐厅的招牌菜是鱼类、对虾及其他各种海鲜，也供应其他普通菜品。晚上常有传统民族音乐表演。

✉ 328 Thanon Tipchang
☎ 0 5422 1861
◷ 11:00—24:00

购物

清迈

清迈夜市（✉4 Thanon Chang Khan 🕒18:00—24:00）和周日步行街市场（Sunday Walking Street Market ✉Thanon Ratchadamnoen 🕒16:00—24:00）都是购买手工艺品的天堂。

城外购物场所包括 Baw Sang Village 和 Sankhampaeng，这两个地方有很多高质量的展厅、工作间和出口中心，销售各种当地产品，包括 Baw Sang 久负盛名的雨伞和遮阳伞。Hang Dong 位于清迈南部的 108 号公路上，是木雕和藤编家具的主产地。

瓦洛洛市场位于市中心繁华商业区 Vichayanon 中，是当地主要市场。每一种泰国北方美食在这里都可以找到，此外还有进口水果、进口布料和其他来自邻近国家（老挝、缅甸、中国南方）的产品。

山地部落产品促销中心（Hill-Tribe Products Promotion Centre ✉21/7 Thanon Suthep，Wat Suan Dok ☎0 5327 7743）由普密蓬国王赞助建立，主要销售各种各样的随身物品和日常用品，例如帽子、包、夹克、珠宝、毯子和篮子等。

市中心最大的两家商场分别是 Central Airport Plaza（✉2 Mahidol Road，Haiyaa，Muang）和 Central（✉99/4 Moo 2，Thanon Huay Kaew ☎0 5322 4999）。两家购物中心商品种类繁多，应有尽有，而且价格合理。

清迈古城内，还有很多精致的小店铺。Herb Basics（✉344 Tapae Road，Muang ☎0 5323 4585 @www.herbbasicschiangmai.com 🕒周一—周五 9:00—20:00；周六 9:00—18:00；周日 14:00—20:00）是一家精油护肤品牌，浴茶取材生姜、薄荷、酸橙和柠檬草，放入浴缸能让你享受到 SPA 级体验。

娱乐

徒步旅行

选择在山地部落徒步旅行可以深入泰国北部。清迈市内 Charoen Prathet 路上有很多旅行社提供徒步旅行服务。在所有旅行社中，信誉最好的两家是 Wild Planet Adventure（✉Charoen prathet 73 ☎0 5327 7178 @www.thewildplanet.com）和 Sergeant Kai Tours（☎0 5337 6268 @www.chiangma-itours.com）。

马沙大象营

马沙大象营（Maese Elephant Camp）是清迈最大的大象训练学校，共饲养了 100 多头大象。在这里，你可以欣赏大象杂技表演，也可坐在大象背上的木椅内沿山谷走一圈。骑乘时有专业的驯象师随行，你可以安心地体验古代帝王及将领跋山涉水穿越丛林的快感。

✉119/9 Tapae Road

☎0 5320 6247

¥骑大象 1 小时 500 泰铢左右，可 2 人合乘 1 头

丛林飞跃

丛林飞跃（Jungle Flight）组织者在 34 座树顶平台之间，用滑索连起了一个森林里的飞行路线。丛林飞跃全程长达 5 个小时，在距离地面 50 米的树顶之间，以时速 50 千米的速度飞跃，俯瞰海拔 1 200 米的异域热带丛林风光。最长一段的飞行距离有 300 米，直接跨越两座山峰。飞行时，身下峡谷和森林的美景快速在眼前闪现，美不胜收。

✉Tambon Huai Kaeo，Chang Wat

¥A：2 100 泰铢；B：2 000 泰铢

🕒6:30—7:30，7:30—8:00，8:30—9:00，12:30—13:00

东海岸

地区概要

东海岸地区位于泰国湾一角，距离曼谷不远，东侧与柬埔寨接壤。与南部那些开发完善的度假岛屿相比，这一区域内的景区相对要朴实许多。也正因为如此，这里才散发着一种不落俗套的迷人气质。一样渚清沙白的海滩，一样悠闲宁静的氛围，不同的是这里没有拥挤的人群和堵塞不堪的交通。如果你没有时间深入南部地区游览，东海岸地区也不失为一个休闲娱乐的好去处。

东海岸地区最知名的旅游目的地自然要数钓鱼胜地西昌岛、森林密布的象岛和沙美岛了。与上述3个岛屿的海滩相比，泰国大陆沿岸的其他海滩要逊色许多。不过，如果行程紧凑，不妨乘坐火车观光，然后在西昌岛或芭堤雅下车。

东海岸景区氛围轻松。如果你觉得不过瘾，可以尝试一下惊险

芭堤雅的Jomtien 海滩有双体船航行和帆板运动

必游之地

1. 芭堤雅 ➤P151
2. 象岛 ➤P153
3. 沙美岛 ➤P156

其他好去处

4. 尖竹汶 ➤P159
5. 西昌岛 ➤P159
6. 考艾国家公园 ➤P160

购物 公园/植物园 亲子游 潜水 休闲娱乐

刺激的潜水运动和丛林探险，或是到芭堤雅热闹的国际度假村体验一回水上运动。附近的景点还包括“宝石之城”尖竹汶、考艾国家公园以及邻近的两个国家公园萨普蓝（Thap Lan）和庞西达（Pang Sida）。考艾国家公园内有数条登山路径对游客开放，沿途会有野生动物出没。

考艾国家公园内的一株花

5日行程推荐

不知道从何玩起？下述这个行程推荐保证能够让你在泰国东海岸地区度过愉快的几天。推荐景点的位置可参考前一页的地图，更多景点介绍请见下文。

象岛岸边

第1日

象岛→Khlong Phu瀑布→钻石海滩

早晨

清晨，从❷象岛（➤P153～155）的钻石海滩（Hat Sai Kaew）出发，徒步穿越茂密的雨林，抵达Khlong Phu瀑布。这里有一汪清澈的湖水，十分适合下水游泳。之后返回钻石海滩，找一家海滨餐厅享用一顿味道鲜美的午餐。当地的新鲜蟹肉沙拉非常可口，你可以品尝一下，也可以在这里尽享购物的乐趣。

钻石海滩一带是象岛最为繁华的地段，购物选择较多，除了日用品超市外，小商品、服饰店更是鳞次栉比。在主要海滩，如孔抛（Klong Prao）海滩、卡贝（Kai Bae）海滩，都遍布着商店，不愁买不到东西。

下午和晚上

沿着钻石海滩，漫步于淡水溪流间。走累了就找一个海边吊床小憩一下，或是到树荫下享受一下泰式按摩。滨海地区总是有丰富的美食，在这里吹着海风享用晚餐，是个好主意。你不妨到冰柜里挑选一些海鲜，比如梭鱼或者斑节对虾，点一杯香蕉鸡尾酒，好好地欣赏静谧的夜色。

第2日

象岛雨林

在导游的带领下穿越象岛的雨林，一天之内便可以横穿全岛。你也可以选择到附近的岛屿浮潜或潜水。

第3日

尖竹汶→Thanon Si Chan路、Trok Kachang巷→沙美岛

早上

乘渡轮返回泰国大陆。在港口乘短途宋条车前往❹尖竹汶（➤P159）。参观一下当地的天主教堂，然后到Thanon Si Chan路和Trok Kachang巷附近逛一逛售卖仿蓝宝石和仿红宝石的小摊，体验一下讨价还价的乐趣。用午餐时，可以品尝一下独具特色的尖竹汶面条。

下午

搭公车转乘渡轮前往❸沙美岛（下图，➤P156~158），奔向美丽的白沙滩（White Sand Beach）。

沙美岛风光

第4日

沙美岛

早上

在沙美岛东岸的绝美海滩上享受阳光。越往岛屿南部走，环境也越幽静。Ao Nuan的海岸边有一家同名餐厅。和其他餐厅相比，这里的泰餐和素食料理价格更加实惠。

下午

沿着布满礁石的海岸边散步，尽情欣赏海边美景。远离喧闹的人群，走向沙美岛的西海岸（沙美岛的直径只有几千米而已）。寻找一处可以落脚的悬崖高地，眺望落日缓缓沉下海平面。注意一点，这一区域不适宜游泳。

第5日

马克岛→康岛→狗骨岛

早上和下午

乘船到马克岛、康岛和狗骨岛附近去垂钓或浮潜（➤P154～155）。选择一个心仪的海滨餐厅享用午餐。

晚上

在钻石海滩上的餐厅，一边享用晚餐，一边看电影。

象岛白沙滩

必游之地

1 芭堤雅

20世纪60年代，泰国政府发现芭堤雅得天独厚的旅游条件，开始大力扶持本地的旅游开发，芭堤雅因此迅速发展壮大，一举成名。现如今，芭堤雅已成为东南亚热度极高的海滩度假胜地，享有“东方夏威夷”的美誉。

芭堤雅位于泰国东海岸，距离首都曼谷约160千米，历史上只是一个默默无闻的小渔村。如今，昔日的渔村已被林立的海滨酒店及商场所取代，芭堤雅已发展成为一座不夜城，每当夜晚，霓虹灯闪烁耀目，街道两旁小酒吧鳞次栉比，马路上车水马龙，行人摩肩接踵，通宵达旦。

芭堤雅的海滩、阳光闻名全球。海滩坡度平缓，渚清沙白，阳光灿烂，是优良的海滨浴场。小楼掩映在绿叶之间，令人心旷神怡。除游泳和日光浴外，海滩上也有各种各样的水上运动，新奇刺激。游人还可以乘坐透明船底的摩托艇进入深海，欣赏海底色彩缤纷的珊瑚和各种热带鱼。此外，芭堤雅还有丛林飞跃、骑大象、蹦极等各种户外活动，具体价格和行程可咨询当地的旅行代理。

作为一个喧闹的大型娱乐度假地，芭堤雅每年都会迎

芭堤雅风景宜人

芭堤雅人妖秀

来来自世界各地的游客。入夜，五彩缤纷的灯火装点着芭堤雅的夜空。虽然当地以灯红酒绿的夜生活著称，不过也有不少夫妻和家庭报团前来旅行。

609 Thanon Mu 10 0 3842 7667

www.pattaya.de

东芭乐园

东芭乐园（Nong Nooch Tropical Garden）是泰式乡村风格的度假公园。园内有大型表演场，有泰国传统民俗歌舞表演、独特的泰拳表演及精彩有趣的大象表演。园内种植奇花异草，风景雅致秀丽。

34/1 Moo 7 Najomtien District, Sattahip 0 3870 9358-62

www.nongnoochgardenpattaya.com

蒂芬妮人妖秀

在芭堤雅，每年都会有成年上万的游客来到这里，观看精美绝伦的表演。蒂芬妮人妖秀（Tiffany's Show）每天表演3场，公共假日每日额外加映两场。剧院富丽堂皇，可容纳1 000人。

464 Moo 9 Pattaya 2nd Road 0 3842 1700-5

www.tiffany-show.co.th

18:00、19:30、21:00，额外放映时间（公共假日）：16:30、22:30

2 象岛 ❷

色彩斑斓的渔船载着满怀期待的游客们从泰国大陆驶向风景如画的象岛。港口处，成群的宋条车正在等待着游客们的到来。这座丛林密布的小岛上随处可见瀑布、飞鸟和奔流入海的小溪。岸边，三三两两的渔村和闪亮的白沙滩烘托出一种轻松惬意的度假氛围。一条条蜿蜒的小路延伸向岛内，不知前方又会有怎样的惊喜。

象岛的轮廓看上去就像是一头沉睡的大象，海岛也因此而得名（“Chang”在泰语中的意思是“大象”）。事实上，在这片岛屿遍布的国家海洋公园中，象岛是其中最大的一个岛屿。

作为仅次于普吉岛（➤P201～202）的泰国第二大岛，象岛的自然环境保护得十分好，全岛只有一条公路（这是一条环岛公路），而且近几年才通电。现在象岛也在飞速发展。岛上大部分酒店设计得比较低调。近几年才开放了几个小型的度假村。在象岛的西侧，受到房屋建设方面的限制，海滩保持着原生态的气息。

钻石海滩

钻石海滩长约5千米，是一片白色的细沙海滩，棕榈树林立，其间还有小溪流过。作为岛上游客最多、最有魅力的地方，这里的酒店类型齐全。从带吊床和阳台的简易高架木屋，到高档的泳池套房，一应俱全。虽然象岛的大街小巷随处可见西式薄饼店和网吧，菜单上也时常出现卡布奇诺之类的意式咖啡，但是小岛的整体氛围是质朴的。象岛周围的海浪较大，因此下海游泳时一定要注意安全。

象岛西海岸的美景

海滩休闲娱乐项目

- 躺在海滩上静心享受泰式按摩。
- 聆听涛声，在海滩边享用烛光晚餐，品尝鸡尾酒。
- 在海滩木屋阳台的吊床上小憩。
- 去附近的岛屿浮潜。

如何到达

从大陆的Laem Ngop码头出发，每30分钟~45分钟就有一班前往象岛的摆渡船（淡季每两个小时一班）。根据摆渡船到达的时间，会有宋条车按时来到码头接送乘船的客人。船舶靠岸15分钟后，宋条车会到钻石海滩去接准备返程的客人。需要注意的是，这种招手即停的简易交通工具没有固定的停靠站点，你可以随时上下车。

钻石海滩边的多家度假村都可以为游客提供雨林探险导游项目。你可以跟着导游跨过溪流，穿梭在茂密的红树林中。

其他景点

在钻石海滩南部，乘宋条车15分钟后即可到达Khlong Phrao海滩。这里没有密布的建筑群，车流量较小，整体而言更加宁静。此外，还有一排茂密的植被从钻石海滩一直延伸到这里。

沿着主路向内陆行进，约2千米后即可到达Khlong Phu瀑布。瀑布旁清澈的湖水是戏水的好地方，你也可以趴在光洁的岩石上晒太阳。

继续向南行进2千米便可到达卡贝海滩。这里的海滩十分狭长，涨潮时便会被淹没。海边有几家木屋酒店。

群岛中另外3个值得一游的岛屿分别是马克岛、康岛和

一盘盘明虾摆放在木质码头上进行风干

象岛西南部的渔村

狗骨岛，岛上住宿资源都比较有限。此外，每逢雨季（5月—10月），游客便很难登上这3个小岛。不过，每年的11月至次年的4月，都会有摆渡船从Laem Ngop港口出发（详情可咨询港口的售票处）。如果你想要到这几座岛屿去浮潜，可以联系Ploy Scuba Diving公司（☎0 1451 1387 @www.ployscuba.com）。该公司在所有海滩均设有办公室。

放松一下

钻石海滩上的木屋酒店内一般都有餐厅，为游客提供欧洲美食和泰国料理。很多餐厅在晚间还有海滩烧烤。除此之外，你也可以在滨海地区找到丰富多样的美食，包括海鲜、比萨饼、泰国菜、鸡尾酒、啤酒和各种软饮料。

小贴士

- 象岛上曾经出现过蚊虫携带疟疾病毒的情况。虽然这种情况如今已经很少见了，但仍然建议你随身携带驱虫剂。
- 如果不是时间仓促，无须购买返程套票，否则将必须乘坐同一公司的返程摆渡船。这样一来，旅行时间可能受限。
- 钻石海滩上设有银行和自动取款机。不过，附近的大部分餐厅都不接受信用卡支付。
- 在周末、假日等旅游高峰时期，岛上可能会出现人满为患的情况，住宿价格也会相应提高甚至出现无空房的情况。你可以避开高峰时期出游或提高预订好客房。

3 沙美岛 ❸

白色的海滩、低矮的林丘和干燥的天气，这就是度假胜地沙美岛。这个迷你海岛长6.5千米，西部海岸边布满了礁石，而东部海岸则连接着蜿蜒曲折、深入雨林的步道。

每天8点至18点，与沙美岛隔海相望的班佩（Ban Phe）港口每隔一两个小时便会有一班渡轮起航，载着各国游客向沙美岛进发（客满开船）。虽然沙美岛上的旅游业已经发展了20多年，但岛上的车辆极少，因此环境十分幽静。诚然，沙美岛并不完美，但这并不妨碍它于1981年获批成为国家公园。港口的游客中心是游客登岛后购买门票（票价偏高）的地方。

钻石海滩

沙美岛的东北部也有一个钻石海滩，宽约30米。餐厅的条纹躺椅和阳伞，或者竹桌竹椅就摆在海滩边的棕榈树下。远处的树林中，高架木屋若隐若现。海滩上，兜售水果和小吃的小贩挑着扁担沿路叫卖，售卖串珠和珠宝的小贩则举着托盘等待生意上门。树荫下，一些游客趴在棉垫上，享受着手艺娴熟的技师的按摩。每当夜幕降临，沙滩上更是一派热闹的景象。烧烤的小摊散发着诱人的香

沙美岛风景如画

味，彩色的小灯营造出浪漫的氛围，表演吞火的艺人展示着自己的绝活，背后的餐厅大屏幕上则放映着精彩的电影。

其他海滩

钻石海滩一头有一片崎岖的岩石区，将海滩与小岛南部迷人的Ao Hin Kok分隔开来。在这里，你会看到一个王子与美人鱼的雕塑，其典故来自泰国著名诗人顺通铺（Sunthon Phu，1786—1855年）的爱情史诗。

沙美岛东部以及Ao Hin Kok南部分布着几个规模较小、人流较少的海滩，都是放松心情、品尝泰国美食的理想地点。

沙美岛另一个休闲胜地——Ao Wong Duan处有一个马蹄湾，是编发艺人和身体彩绘师的聚集地，也是很多游人骑水上摩托车的地方。大多数游客都会来此体验一番。

位于小岛最南端的Ao Kiu是一片安静的世外桃源，如今已经成为沙美岛上最高档的度假村所在地。

沙美岛西岸唯一的海滩是Ao Phrao，也被称为天堂海湾。除此之外，西岸其他地方都人迹罕至。Ao Phrao和东海岸的几个海滩相比，游人相对较少，不过滨海地区有一些木屋酒店和餐厅，还开设了一家与海湾同名的大型度假村。

环岛旅行

从东北角的钻石海滩出发，穿过熙熙攘攘的人群，沿着海岸漫步，踏上树间的沙石小路，爬上崎岖的海岬岩石，倾听海涛拍岸的声音。距离钻石海滩3千米左右的地方，是如世外桃源般宁静的Ao Thian海滩以及纺锤形的木头码头，风景格外秀丽。

在沙美岛上探险，不用担心会迷路，因为无论如何都可以走到海边。顺着通往Ao Thian或Ao Wong Duan的小径向西行进，很快便会发现一片海滩。继续沿着小径向东岸进发，沿路的风景逐渐变化，给人一种不一样的视觉享受。运气好的话，还可能有机会看到如小鸟般大小的巨型彩蝶。

沙美岛东岸边的蝴蝶

普萨湾边的一个小洞穴

放松一下

岛上最好的餐厅非Red Ginger（➤P163）莫属。这里每天供应各种经典泰式料理、沙拉以及各国美食。

✉ Rayong ☎ 0 3865 5420 @ www.kosamet.net/deutsch

小贴士

- 建议游客不要从港口处购买往返的船票，因为这种船票算不上非常实惠，而且游客会受制于固定的返程时间，无法尽兴游览。
- 很多木屋酒店提供出海的娱乐项目，游客可以乘船去附近的Ko Kudi、Ko Mum和Ko Thalu浮潜或垂钓。浮潜或垂钓的装备和器具的租赁费用包含在一日游的费用内。
- 登岛的港口处的公告栏上有宋条车去往各大海滩的车费公示。不过，车夫会使出浑身解数让游客多支付一些费用。因此，建议与其他游客商议，一同与车夫议价。
- 在周末和公共假日之类的旅游高峰期，岛上往往人满为患，酒店住宿的价格也会随之飙升，常会出现客满的现象。因此，建议避开高峰期或提前预订好酒店。
- 岛上的海滩均可以野营。
- 岛上的淡水资源是从内陆引进的，因此要注意节约用水。

其他好去处

尖竹汶 4

这个景色宜人的地方自古以来便是主要的宝石开采地之一。早在15世纪时，来自缅甸、柬埔寨和中国的采矿者纷纷涌入这里，希望能够开采到名贵的蓝宝石和红宝石。如今，这里聚居的居民大部分是越南天主教徒。他们的祖先都是18世纪至20世纪70年代因受迫害而逃到此地避难的。

虽然尖竹汶没有什么值得一提的景点，但这里温馨的氛围十分适合徒步游。从汽车站出发，沿着Saritidet路，到达尖竹汶河后右转。走过木质商铺，会看到天主教堂前的人行天桥。这是一座建于1880年的法式天主教堂，由19世纪末期占领尖竹汶地区的法国人建造。

尖竹汶河西岸是珠宝交易区，而天主教堂北边则是一个水果市场，卖的是附近果园产的榴梿和红毛丹等水果。每年的5月或6月，尖竹汶和达叻、罗勇（Rayong）都会举办水果节，届时将会有露天表演、游行和各种娱乐竞赛。

尖竹汶府内富有中国传统特色的庙塔

✉ Rayong

☎ 0 3865 5420

@ www.tat-rayong.com

适合儿童的娱乐项目

- 沙美岛Ao Wong Duan的编发和身体彩绘。
- 芭堤雅的“迷你暹罗国”位于北部的芭堤雅大街和素坤逸路十字路口，是一个文化主题公园，里面有各种建筑和纪念碑的微缩景观（@www.minisiam.com）。
- 考艾国家公园（➤P160）一小时夜间探险活动，可以观赏到鹿和大象。

西昌岛 5

从曼谷出发，乘大巴或乘船两小时便可到达满是山岩的钓鱼胜地西昌岛。每天6:00—20:00，渡轮都会从Si Racha港口出发。这里曲折的海岸线旁总是各种货轮穿梭，表明这里并非是一个单纯的休闲旅游目的地。不过，与其他嘈杂的商业化景区相比，这里倒是一个可以让人放松的好地方，每逢周末和公共假日，这里也会人满为患。建议不要购买往返船票，因为票价并无优惠，反而会受制于返程时间。

19世纪90年代，拉玛五世国王在此修建了自己的夏宫，后于1910年在曼谷修建成了五世皇柚木行宫（➤P75）。1893年，法国人占领并洗劫了西昌岛上的夏宫，宫殿虽经过了整修，但仍然只剩一片遗迹。除了钻石海滩附近的海域适合戏水游泳之外，岛上其余海域都布满了礁石。在海岛西部，有一座名为Tham Chakraprong的佛教寺庙。顺着陡峭的阶梯向上攀登至悬崖顶端，将会看到一片绝美的景色。此外，附近的Hat Khao Khat是一个观赏日落的好地方。

考艾国家公园 6

作为泰国首座国家公园，考艾国家公园距离首都曼谷约120千米，是一个备受欢迎的旅游胜地。这里山峦纵横，生长着5种不同种类的树木。上百头大象以及一些濒临灭绝的老虎、白手长臂猿都以此为家，其间还栖息着多种鸟类。奔流而下的瀑布和潺潺流淌的小溪哺育着山间的翠鸟和兰花。

如果想深入探索考艾国家公园，不妨在园区内或附近停留一两夜。你既可以选择野营，也可以在公园总部预订客房。此外，在Pak Chong通往公园入口处的路边，有几间不错的私人小木屋可供出租。Pak Chong是从曼谷前往考艾国家公园的大巴终点站。因此，木屋的经营者都会从这里接客人前去住宿。值得一提的是，木屋也会

考艾国家公园

提供公园一日游的活动，你可以早起在导游的带领下前去观赏白手长臂猿。傍晚时分，你可以在山洞附近观赏到数以千计的鸟儿飞离巢穴觅食的壮观景象。夜幕降临之后，跳上敞篷卡车，打着手电筒去追寻夜行动物的踪迹也是一项有趣的活动。公园在雨季期间不对外开放。

公园总部信息与住宿咨询

☎ 0 3735 6033

@ www.dnp.go.th/parkreserve

🕒 8:00—17:00，夜间探险可在每天18:00前预订

¥ 200泰铢

宿食购娱

住宿

双人房每晚预计消费：
2 000泰铢以下 ฿　2 000泰铢~5 000泰铢 ฿฿　5 000泰铢以上 ฿฿฿

象岛

Klong Prao Resort ฿฿

这家拥有上百间客房的度假村是一个全家出游的好去处。这里不仅有游泳池、桑拿浴室和两家餐厅，还可提供到珊瑚礁附近潜水或浮潜的服务。

✉ 21/1 Moo 4，Ao Klong Prao
☎ 0 3955 1115
@ www.klongpraoresort.com

Mac Resort Hotel ฿฿

酒店的设计独具特色，里面全部是配有空调的木屋客房。在某些高档

客房中，还有可供观赏海景的阳台和游泳池。住客可以一边享用海滩烧烤美食，一边欣赏日落日升的美景。

✉ 7/3 Moo 4，Hat Sai Kaew
☎ 0 3955 1124
@ www.mac-resorthotel.com

Mercure Koh Chang Hideaway ฿฿~฿฿฿

酒店气氛闲适安逸，环境优雅，距离海滩仅数步之遥，非常适合放松身心。酒店配备有蒸浴室、游泳池（儿童）、旋涡按摩浴池、儿童娱乐室、按摩室等多种精彩的娱乐设施。酒店还提供礼宾接待及机场接送服务。

✉ 111/1 Moo 1 Tambol Ko Chang
☎ 0 3961 9111
@ www.mercure.com

沙美岛

Samet Ville Resort ฿~฿฿

这座度假村内的所有木屋均面向美丽的 Ao Wai 和热闹的村庄。客房类型包括电扇客房和空调客房两种，大小和规格也有不同的选择，为各种需求的游客提供良好的体验。

✉ 88/1 Moo 4 Tambon Phe，Muang
☎ 0 3864 4256
@ www.sametvilleresort.com

Vongdeuan Resort ฿~฿฿

这家酒店位于美丽的 Ao Wong Duan 海滩边，所有的木屋客房均配有空调和观景阳台。酒店还为住客提供了一些价格适中的电扇客房。

✉ 22/4 Moo 4，Ban Phe Mueang

0 3865 1777

www.vongdeuan.com

芭堤雅

Royal Cliff Beach Resort

฿฿~฿฿฿

这里是芭堤雅最古老也是最豪华的度假酒店之一，实际上是4家酒店。Royal Cliff Beach Hotel有545间客房，主要是面向旅游团，而底层的Royal Cliff Terrace则是为自助旅行者设计的，私密性更好。Royal Cliff Grand主要招待商务游的客人，Royal Wing则拥有奢华的住宿环境。度假村共有3个游泳池、6个网球场、8家餐厅及其他休闲娱乐设施。

353 Thanon Phra Tamnuk

0 3825 0421

www.royalcliff.com

Grand Jomtien Palace ฿฿

几乎所有位于芭堤雅的酒店规模都十分庞大，且内饰风格豪华。这里也不例外，且服务格外热情。酒店位于Jomtien海滩中央，远离灯红酒绿的夜生活区，十分适合全家入住。同时，酒店内还有几家不错的风味餐厅。

356 Thanon Jomtien Beach

0 3823 1405-8

www.grandjomtienpalace.co.th

Sea Sand Sun Resort & Spa

฿฿฿

酒店是芭堤雅海滩上颇豪华的一家度假村，极具热带风情。度假村里有60间典雅的精品客房，掩映在舒适的热带巴厘风情花园中，还有27栋独立宽大的私人泳池别墅和花园别墅。酒店内的别墅小院、绿荫小道、私人沙滩、露天泳池，气氛闲适，远离喧嚣。还有浪漫的日落晚餐，可供游客欣赏海湾最迷人的风情，非常适合放松身心。

78/4 M. 8, Sukhumvit K.M.163 Nachomtien

0 3823 8654-8

www.seasandsunpty.com

D Varee Jomtien Beach Hotel

฿฿

酒店位置优越，距离海滩非常近，散步5分钟内就能到。客房拥有现代化的泰式装饰，提供沏茶、咖啡设施以及安全保管箱。拥有面朝大海的海景房，可以眺望海湾的绝佳景致。在露天阳台上，来杯鸡尾酒或是咖啡都是不错的选择，还可以品尝味道鲜美的海边露天烧烤。屋顶的泳池相当舒适，如果不想出门，在这里泡泡水看看海，也是不错的体验。附近有许多小吃摊，用餐很方便。

457 Moo 12，Soi 13-14 Jomtien Beach Road

0 3841 8999

www.djb.dvaree.com

美食

每餐人均3道菜的价格（不包括酒水和服务费）：
300泰铢以下 ฿　300泰铢～600泰铢 ฿฿　600泰铢以上 ฿฿฿

象岛

Phu Talay Seafood ฿

这是象岛上的一家露天餐厅，周围环境赏心悦目，装修颇具田园风格。这家餐厅在当地有很高的知名度，口碑非常好。这里的菜品丰富、精致，海鲜、贝类等食材新鲜，大厨烹饪出的美味令游客垂涎不已。食物味道鲜美，价格实惠，服务周到热情，加上优雅的环境，整个餐厅给人一种轻松的氛围，让人感到非常放松。到此来的游客，一定要品尝一下这里正宗的咖喱菜品。

✉Ao Khlong Phrao
☎0 3955 1300
🕒11:00—22:00

沙美岛

Red Ginger ฿฿

红姜餐厅的老板罗杰是一个开朗大方的加拿大人。餐厅提供的菜品包括经典泰式料理、常见的绿咖喱和多种口味的沙拉（推荐青木瓜口味的沙拉）以及各国美食。此外，该店的烤排骨也是一道广受赞誉的招牌菜。

✉Moo 4，Samet Village
🕒12:00—14:00，18:00—22:00

芭堤雅

Lobster Pot ฿฿฿

该餐厅坐落在芭堤雅海湾旁，是芭堤雅地区最早的一家海鲜餐厅，食客们可以边享用令人食指大动的海鲜美食，边俯瞰海湾的动人景致。这里用餐环境温馨，菜品丰富，有味道鲜美无比的焗烤龙虾王。如果对海鲜不太感兴趣，这里还有上等的嫩牛排、烤土豆和各种泰国当地美食。

✉288 Walking Street，South Pattaya
☎0 3842 6083
🕒12:00至次日 1:00

PIC Kitchen ฿฿

这家餐厅坐落在芭堤雅市中心一条安静的小巷内，久负盛名。餐厅的主体建筑是一排柚木屋，周围是一个环绕着繁茂树林的热带花园。餐厅内的桌子是传统的矮脚木桌，这里的厨师厨艺精湛，深得烹饪精髓，能烹制全球各种各样的美食。如果不喜欢辣食，可以在点餐时说明。这里有 200 多道泰式或欧式菜肴可供食客选择。餐厅里有专门的空调区，以及一个名为“爵士皮特”的乐队演奏区。游客可以一边享受美食，一边聆听音乐，让身心完全放松下来。

✉Soi 5，Pattaya 2nd Road
☎0 3842 8387
@www.pic-kitchen.com
🕒11:00—14:00，17:00—24:00

Ruen Thai ฿฿

餐厅位于芭堤雅中南部，是一家坐落在木质凉亭里的别有情趣的泰国餐厅。这里随处可见大大小小的喷泉、迷你瀑布和鱼池，用餐环境深受游客的喜爱。每晚，餐厅都会为食客们上演精彩的传统泰国舞蹈表演（20:00—24:00），让大家能够在享受高档泰国美味的同时体验不一样的文化氛围。餐厅的推荐菜品包括腰果鸡、干椒椰浆鸡等。为了招待携带儿童的游客，餐厅还特别辟出了儿童游乐区。

✉485/3，Pattaya 2nd Road
☎0 3842 5911
🕒11:00—24:00

购物

北芭堤雅

芭堤雅是一个购物之都，大大小小的购物广场让人眼花缭乱。Central Festival Centre（✉Pattaya 2nd Road）拥有上百家时尚品牌店、餐厅和手工艺品店，是海滨地区的大型购物中心。Royal Garden Shopping Plaza毗邻Pattaya Marriott Hotel，内有Boots Chemist以及Ripley's Believe It Or Not博物馆。在大型连锁超市BigC中也能以相对低廉的价格买到吃、穿、用等各类东西。有时为了吸引顾客也会推行退税等优惠政策。

南芭堤雅

南芭堤雅是主要的商业区，聚集着不少售卖手工艺品、丝绸制品、首饰和宝石的商铺。Luukmai Gallery（✉234/4 Walking Street ☎0 3842 0334 @www.pattayacity.com/luukmai）内售精致的木刻匾额和大型的木雕大象。

Tom's Gems（✉239/2 Moo 10 South Pattaya ☎0 3842 2811）是一家成立于1975年的老店，可定制精美的珠宝首饰。

如果想购买高档的皮革制品，可以到Pattaya Shoes Department Store（✉109/19 Moo10 Thanon Phatumnak ☎0 3842 3919）逛一逛。那里不仅有做工精良的皮鞋，还有一条长廊专门售卖皮箱和皮带，你可以买到称心如意的皮革制品。

此外，芭堤雅地区也有不少的肖像画家。其中一家便是NL Gallery（✉593 Moo 10 South Pattaya Road ☎0 3871 0975 @www.pattayacity.com/nlgallery）。这里的艺术家能够按照照片上的人物肖像创作出逼真的肖像画。

娱乐

夜生活

虽然象岛和沙美岛上有营业到凌晨时分的海滨酒吧，但却算不上是夜生活丰富的度假海岛。相比之下，拥有上百家酒吧和夜店的芭堤雅才是那些热爱狂欢的人们心中的天堂。如果你不去考虑繁华夜生活背后的“性产业链”，这里的晚间娱乐项目确实能让你身心放松。

MIXX Nightlife（✉311 Moo 10 Pattaya Beach Road）里有一个“水晶宫”（Crystal Palace），专门播放电子乐和迷幻舞曲。而更具酒吧风格的Rouge Club则是嘻哈音乐爱好者的聚集地。Blues Factory（Soi Lucky Star，芭堤雅红灯区附近@www.thebluesfactorypattaya.com）是蓝调乐队和摇滚乐队的主要演出场所。Alcazar（✉78/14 Pattaya 2nd Road ☎0 3842 5425 @www.alcazarthailand.com）是著名的歌舞剧剧场。

家庭娱乐

Pattaya Kart Speedway（✉248/2 Moo 12 Thanon Thep Prasit ☎0 3842 2044 @www.kart.thai.li）是一个老少皆宜的卡丁车游乐园。Tuxedo Magic Theatre（✉140/74 Moo 3 Takiantia @www.tuxedo-magic.com ☎0 3842 2044）是一家传统的泰式魔术表演厅，适宜全家观赏。

此外，Jomtien 海滩上设有各种水上娱乐项目，像水上摩托车和帆伞运动等。

值得一提的是，Ripley's Believe It Or Not博物馆（✉Pattaya 2nd Road ☎0 3871 0294 @www.ripleysthailand.com）中有各种不可思议的奇异展品。

泰国湾沿岸

地区概要

泰国湾沿岸地区位于中南半岛东侧，海岸线长达1 000千米。游客可以乘坐沿海火车一路直达素叻他尼，再转乘游船前往风景如画的苏梅群岛。此外，从素叻他尼出发，还有一条内陆火车线路可以直达马来西亚，游客不多，因此格外清静。在马泰边境地区，随处可见的清真寺和咖喱小吃摊都彰显着穆斯林文化对于南泰人民生活的影响。

泰国湾沿岸地区距离首都曼谷仅有几小时车程。众所周知，这里享誉全球的度假小岛和细软沙滩是泰国旅游的王牌之一，普密蓬国王也将皇室度假行宫修建在了沿岸的华欣地区。

三百峰国家公园就坐落在泰国湾沿岸地区。这片世外桃源远离喧闹的国际酒店，其中遍布着大大小小的原生态沼泽和沙漠，是各种野生鸟类的栖息地。

毋庸置疑，泰国湾地区最负盛名的度假胜地就是苏梅群岛了。绿松石般的净透海水，泛着金光的白色沙滩和高耸的椰子树，构成了令人如痴如醉的海岛风光。来自世界各地的游客既可以乘飞机也可以搭船前往岛上游览。齐全的旅游配套设施、惊险刺激的水上项目和令人垂涎的海鲜美食使得苏梅群岛不仅能够满足高消费人群的度假需求，也能够为精打细算的背包客提供物美价廉的服务。

对于那些不满足于阳光和沙滩的游客来说，充满历史文化底蕴的碧武里也是不错的旅行目的地。也可在洛坤作短暂停留，这里到处是佛教庙宇、印度教神龛、伊斯兰清真寺和基督教教堂。

苏梅群岛的龟岛沙滩

地区概要

必游之地

1 苏梅群岛 ➤P171

2 华欣 ➤P176

3 三百峰国家公园 ➤P178

其他好去处

4 碧武里 ➤P180

5 洛坤 ➤P181

6 春蓬 ➤P182

7 小海水鸟公园 ➤P183

8 宋卡 ➤P183

7日行程推荐

不知道从何玩起？下述行程推荐保证能够让你在泰国湾沿岸度过愉快的一周。各推荐景点的位置可参考前一页的地图，更多景点介绍请见下文。

第1日

曼谷→ 碧武里→华欣

华欣城市风光

上午

乘早班火车或大巴从曼谷出发，前往❹碧武里（➤P180～181）。火车从曼谷的华南蓬火车站（Hualamphong）出发，单程需3个小时。大巴则从汽车南站出发，单程需两个半小时。

下午

花几个小时步行游览碧武里当地的庙宇，然后转乘大巴前往❷华欣（➤P176～177）全程需一个半小时。火车从碧武里到达华欣的时间一般在深夜或清晨，因此不推荐游客乘火车前往。建议入住奢华的Centara Grand Beach Resort & Villas大酒店。该酒店前身为铁路酒店，经重新整修后成为如今这座颇具20世纪20年代殖民地风格的复古精装酒店。

晚上

在Centara Grand Beach Resort & Villas大酒店的大象酒吧品上一杯鸡尾酒，然后漫步后花园，欣赏一下园中巧夺天工的巨型动物造型灌木。徜徉于酒店后花园的园艺迷宫之中，再穿过真人大小的国际象棋棋盘阵，就能到达沙滩。踏着细沙一路步行至气氛温馨的Seaside餐厅（✉31-4 Thanon Naresdamri），这是一个家庭式餐厅，提供各式海鲜料理及各国美食。强烈推荐这里的国王明虾和大龙虾。

第2日

三百峰国家公园→华欣

上午/下午

清晨，租一辆吉普车，奔赴野外去观赏野生动物（野生动物喜欢在日出或日落时分出没）。推荐距碧武里南侧一小时车程的❸三百峰国家公园（➤P178～179），可依据公园指示牌的指引游览（➤P184～186）。

晚上

返回华欣。日落时分，点上一瓶胜狮啤酒（Singha Beer），慵懒地坐在海滩的帆布躺椅上欣赏落日余晖，或是徜徉在熙熙攘攘的夜市里，听着热情的小贩们叫卖着琳琅满目的商品。有机会一定要体会一下和小贩们讨价还价的乐趣。如果觉得街边的海鲜小吃还不够，还可以到Thanon Naresdamri去品尝一下Brasserie de Paris的法式美食（➤P190）。

苏梅岛

第3—6日

曼谷→苏梅群岛→安通国家海洋公园

乘火车或飞机返回曼谷，准备前往苏梅群岛（➤P171～175）。游客可以选择乘过夜火车从曼谷到达素叻他尼，然后转乘短线公交车到达渡轮港口。此外，每日还有多班飞机从曼谷直飞苏梅群岛，单程约1小时20分钟。群岛中最著名的3座岛屿——苏梅岛（➤P171）、帕岸岛（➤P171～172）以及龟岛（➤P174～175），风格各异，游客可根据自己的喜好来选择。如果时间充裕的话，还可以进行一次群岛的巡回旅行，花上几天时间在舒适的沙滩上散散步，再品尝一下当地著名的海鲜。当然，惊险刺激的水上运动项目也不能错过。同时，距离苏梅群岛不远的安通国家海洋公园（Ang Tong National Marine Park，➤P172）也可以玩上一天。往返的渡轮每天8点30分从苏梅岛出发，17点返航。

第7日

Samui Hot Club→查汶步行街→吉姆·汤普森之家

上午

一早，我们可以光临苏梅岛最大的服装店——Samui Hot Club。这里服装多种多样，可以满足游客的所有需求，最吸引人的一点就是，和其他地方相比，在这里可以以更便宜的价格买到相同的商品。淘到满意的衣服后，步行9分钟，来到苏梅岛最热闹的一条街——查汶步行街，在这里填饱肚子，沿街逛一逛小店。

下午

从查汶步行街出来，坐车或步行30分钟，就可以到达泰国最知名的丝绸店——吉姆·汤普森故居。这里最为有名的是它选用当地材料制成的各种服装。如果想买到高质量的纪念品，这里是不错的选择。

苏梅岛的迷人风光

必游之地

1 苏梅群岛

苏梅群岛由80多个大小各异的岛屿组成，其中有3座岛屿因风景独好而闻名遐迩——享誉全球的度假胜地苏梅岛、著名的海滩派对举办地帕岸岛和潜水者的天堂龟岛。群岛中绿松石般透亮的海水、茂密的棕榈树林和原生态的沙滩组成了一片热带天堂的动人景致。

从海上放眼望去，苏梅群岛就像是从地平线上升起来的世外桃源。一排排棕榈树如绿宝石般镶嵌在海湾边的白色沙滩上，与远处小山丘上的茂密雨林遥遥相望。

苏梅岛

据说，苏梅岛上的椰子树密度堪称世界之最。当然，真正让苏梅岛扬名的并不是椰子树，而是这里首屈一指的滨海美景。

在苏梅岛的众多海滩中，最受欢迎的自然是广阔平坦、风景秀美的查汶海滩（Chaweng）和拉迈海滩（Lamai）了。其中，查汶海滩更加商业化，滨海大道上摊贩众多，酒店林立，还有不少热闹的墨西哥餐厅和爱尔兰酒吧。相比之下，临近的拉迈海滩则更加静谧平和。

苏梅岛北岸树立着一尊高达12米的金铸大佛像，远远就能看得到。同名的海滩上有几处树干搭建的港口，港口内的摆渡船可搭载游客前往帕岸岛。

苏梅岛景色

帕岸岛上的椰子树

帕岸岛

与苏梅岛的休闲度假氛围不同，新开发的帕岸岛上土路居多，民风淳朴，以丰富多彩的夜生活而著称。这里的游客一年四季络绎不绝，每逢“满月派对”（Full Moon Parties），不少年轻的背包客便会慕名而来，狂欢享乐。届时，岛上会人满为患，乐声不断，热闹非凡。

小巧精致、呈月牙形的日出海滩（Hat Rin Nok）可以算得上是一个放松心情的好去处。这里不仅娱乐项目丰富，而且气氛温馨，景色宜人。日出海滩位于帕岸岛南侧海角的东部，蜿蜒曲折的滨海小路上遍布着各种娱乐设施以及售卖尼泊尔商品的商铺。除此之外，附近门庭若市的酒吧和餐厅还为游客提供各色海鲜和鸡尾酒。每当夜幕降临，热爱沙滩派对的人们就会三五成群地坐在酒吧或夜店外的摩洛哥软垫上，伴着震耳欲聋的电子乐，一直跳舞狂欢至凌晨。

在海角的另一侧则是相对僻静一些的日落海滩（Hat Rin Nai）。这里可以算是日出海滩的延伸区域，分布着一些价格相对低廉的酒店和旅馆。顾名思义，日落沙滩是

安通国家海洋公园

安通国家海洋公园由41个小岛组成，占苏梅群岛岛屿总数的一半左右。每天都有摆渡船往返于苏梅岛和海洋公园之间。这里的景致以石灰岩洞穴和珊瑚礁为主，幸运的话还可以看到海豚、野猪、蜥蜴、郁乌叶猴和豹猫等野生动物。瓦塔拉普岛（Ko Wua Talap）是公园中最大的一座岛屿，同时也是公园总部的所在地。有精力的话，不妨来这里登高远眺，俯瞰整个海洋公园的美景。“Ang Thong”在泰语里的意思是“金色的碗”，描述的就是附近美柯岛（Ko Mae Ko）上的一座火山湖。这一汪湖水的美景不仅被写入了畅销小说中，也是好莱坞2000年的电影《沙滩》的外景拍摄地。

小贴士

- 帕岸岛的日出海滩是满月派对的举办地，因此会有成百上千的年轻人定期来此饮酒狂欢，纵情歌舞。届时，帕岸岛上一般会人满为患。如果对派对不感兴趣，建议不要在此时登岛游览。
- 帕岸岛的满月派对结束后，大批游客涌入龟岛。因此，在派对结束后的一段时间内，龟岛上的住宿资源可能会出现紧张的状况。
- 每年的12月到次年3月是苏梅群岛的旅游高峰期。在此期间，住宿资源紧张，价格也会一路飙升。
- 每年的6月—10月是西南季风光顾的时节。
- 苏梅岛和帕岸岛上的公路常会有人赛车，每年都有不计其数的游客因车祸而丧生。因此，不建议游客在岛上租用汽车或摩托车。此外，帕岸岛公路的地形起伏不定，驾车危险性较大。
- 苏梅岛、帕岸岛、龟岛常有野鹿、野猪出没，兰花密布，十分适合丛林探险。

观赏日落的最佳地点。在欣赏落日余晖的同时，可以漫步到这里的“珊瑚小屋（Coral Bungalows）”喝一杯鸡尾酒。

如果想要在岛上寻找高档酒店，可以到帕岸岛北侧去看一看，那里有许多深受游客喜爱的住宿地点。

从日出海滩和日落海滩出发，步行即可到达古朴的小村庄班泰（Ban Tai）。与岛上的其他村庄一样，尽管有熙熙攘攘的游客，这里的生活节奏依旧缓慢而舒适。大多数居民平日里或是踢踢足球，或是打打台球，抑或是修修自行车。穿过村落继续向前行进几千米，就可到达Thong Sala和彭瀑布国家公园（Pang Waterfall National Park）。沿着瀑布旁的小径向上攀爬250米左右，就可以到达瀑布的顶端，顺道欣赏帕岸岛西南部的无限风光。

龟岛吸引着世界各地慕名而来的潜水爱好者

龟岛

龟岛（Ko Tao）是一座轮廓酷似乌龟的小岛（tao在泰语里是“乌龟”的意

龟岛塞利海滩上停泊着两艘长尾船

思）。和苏梅群岛中的其他岛屿相比，龟岛可以算得上是闹中取静。这里不仅拥有世界上最适合潜水的海域，还有各种平价潜水娱乐项目。

湄滩村（Mae Hat）是涛岛的主要潜水基地之一，这里有各种服务设施，为游客提供便利。岛上的酒店也大都分布在湄滩村的南北两侧，住客只需步行10分钟左右便可以到达潜水基地。

位于湄滩村北部的赛丽海滩（Hat Sai Ree）拥有岛上最长的沙滩，同时也是岛上的住宿中心。岛上的潜水学校主要聚集在小岛南岸的查洛克沙滩地区（Ao Chalok Ban Kao），不过这里的服务设施相对较少。

龟岛上的大部分潜水学校均能为游客提供高水平的服务，潜水教练都会说英语，而且整个学习过程都是经

龟岛五大最佳潜水地点

龟岛有多处适合潜水的地点，列举5个比较受欢迎的供大家选择。

- 白岩（White Rock）：海底可见形态各异的珊瑚和五彩斑斓的热带鱼。
- 南园岛（Ko Nang Yuan）：适合初学者。
- 鲨鱼岛（Shark Island）：可以在水下观赏到珊瑚、神仙鱼和鹦嘴鱼。
- 船帆岩（Sail Rock）：有水下烟囱景点和各种鱼类。
- 西南尖岩（Southwest Pinnacle）：水下景观最好的海域之一，热带鱼种类丰富，且能见度较高。

过周密安排的。其中，最值得推荐的两所学校分别是Big Blue和Scuba Junction。一般来说，龟岛附近海域的海水十分清澈，一年四季都很适合潜水，但大雨有可能会影响水下的能见度。

放松一下

位于苏梅岛波普海滩（Bophut）的Shack Bar and Grill可以为游客们提供上好的牛排。而Ocean 11（➤P191）则供应地中海风味的创意料理和上等美酒。再往南走，拉迈海滩上的Sala-Thai（➤P191～192）也是品尝地道泰式美食的不二选择。

✉ 5 Thalad Mai Road

@ www.kosamui.de；www.phangan.info；www.koh-tao.de

Big Blue

✉ Big Blue Resort，17/18 Moo 1, Ko Tao ☎ 0 7745 6050

@ www.bigbluediving.com

Scuba Junction

✉ Sairee Beach, Ko Tao ☎ 0 7745 6164

@ www.scuba-junction.com

龟岛景色宜人的海湾

2 华欣 ❷

深夜，泰国湾海面上的军舰顶部回旋着白色的探照灯，附近漂动的捕鱼船上则透出点点的绿色灯光——这就是华欣，一座建有泰国皇室行宫的小渔村，一个混合着尊贵与平凡气息的地方。值得一提的是，这里也是泰国最早的海滨度假村。站在沙滩上放眼望去，目光所及之处尽是色彩斑斓的遮阳伞、横条纹的帆布躺椅和各式各样的娱乐设施。

无论是初来泰国还是已经准备离开，华欣都是一个很值得停留的旅游目的地。比起在曼谷花重金去住高档酒店，倒不如来这里享受一下。不过，建议游客尽量避免在周末高峰期出游。

其实，早在20世纪20年代，在曼谷至马来西亚的火车线路全线贯通、皇家忘忧宫（Klai Klangwon Palace，➤P177）和Centara Grand Beach Resort & Villas（➤P187）顺利竣工后，华欣就成为最热门的海滨度假胜地。

虽然和苏梅岛、甲米岛以及沙美岛相比，华欣长达5千米的蜿蜒海岸线并不是那么美丽，但是其古香古色的海港、风格各异的庙宇以及妙趣横生的“猴岛”还是吸引了大量的游客。

随着一个个酒店在华欣拔地而起，各种小型的度假公寓也应运而生，使得这一地区不但成为曼谷人周末休闲度假的首选，同时也吸引着

Hua Hin Marriott Resort的庭院景观

皇家行宫

忘忧宫位于华欣度假村以北2千米，建于1926年，是普密蓬国王和诗丽吉王后的行宫，尚未向公众开放。每当这对备受爱戴的皇室伉俪来此度假时，忘忧宫附近都会加强安保措施，并对行宫周围进行交通管制。“忘忧”含有“远离忧愁”之意。然而，这个寓意似乎并没能给泰国皇室带来好运。1932年，拉玛七世国王在忘忧宫度假时遭遇了政变，泰国的君主制政体自此瓦解。

世界各地慕名而来的众多游客。值得一提的是，华欣有8个高尔夫球场，附近交通也十分便利。

放松一下

要想品尝海鲜大餐，不妨尝试一下位于海港附近的Saeng Thai Sea food（➤ P190）。

✉ 39/4 Phetkasem Road ☎ 0 3251 2120
🕒 8:30—20:00

华欣当地居民庆祝节日的场景

小贴士

- 若非时间充裕，最好不要在沙滩上的小卖部订正餐，否则可能要等上一个多小时才能吃上饭。虽然这样的外卖美食味道不错，但一般都是小卖部摊主通过电话订购，并由餐厅做好后专门送到沙滩上来的。
- 每天清晨和傍晚，附近的渔民都会靠岸卸货，把刚打捞上来的新鲜海产品卖给当地居民。有空的话不妨前去观摩一下。

3 三百峰国家公园 3

这座静谧的海滨国家公园里遍布着沼泽地、红树林和泥滩，是各种飞禽的栖息之地。在游客罕至的金色沙滩旁，耸立着成排的松树，树林中星星点点地坐落着当地虾农和渔民居住的小木屋。顾名思义，三百峰国家公园中最常见的便是石灰岩山峰，其中最高的山峰高达650米。

三百峰国家公园内栖息着上百种珍稀禽类，有草鹭和乌雕等水鸟。这里是各种野生动物和谐共处的家园，其中比较少见的动物有郁乌叶猴、长尾猕猴、麂子和猫鼬等。

公园园区位于华欣（➤P176～177）以南60千米处。游客若从华欣出发前往，当天即可返回。由于公园的面积较大，因此无法徒步完成游览。可以跟随导游团进入园区，也可以从华欣租车前往，并按照指定线路参观公园内的各个景点（➤P184～186）。

公园的里沙拉海滩（Hat Laem Sala）上设有一些小木屋和可供野营的营地（如需住宿可通过公园服务中心预定）。游客可从东边的邦普村（Bang Pu）坐船前往沙滩，也可花上30分钟从峡湾处徒步前往。

一只叶猴正在公园里四处观望

公园内的山川和沼泽为各种鸟类提供了理想的栖息之地

从里沙拉海滩出发，步行半小时便可到达著名的帕亚那空山洞（Tham Phraya Nakhon），那里坐落着拉玛五世国王修建的一座皇家凉亭。

公园服务中心位于园区的南部，里面的展品十分陈旧，工作人员也大多不会说英语。因此，除非需要购买饮用水，否则无须特意绕道来此参观。不过，中心附近的路旁时常聚集着许多憨态可掬的小猴子。

在距离公园服务中心约50米的地方，有一条通往红山（Khao Daeng）的岔路。山顶风景宜人，十分值得一看。

崎岖不平的喀斯特地貌是三百峰国家公园的独特景观

放松一下

Hat Sam Phraya餐厅位于公园海滨的松树林旁，可为游客提供海鲜大餐。

小贴士

- 观赏鸟类和野生动物的最佳时段是清晨或傍晚（详情可参考@www.thaibirding.com）。
- 虽然公园服务中心提供的导游宣传页是用泰语书写的，但是其中有一张非常有用的英语地图可供各国游客参考。
- 为防止蚊虫叮咬，避免感染疟疾，最好随身携带驱虫剂。
- 帕亚那空山洞景色优美，其名字来源于当地两位名为“那空”的地主。1890年，拉玛五世国王参观了这个山洞，并在洞壁上写下了自己的名字，还下令在山洞里建起了一座凉亭。此后，拉玛七世国王也继承了这一传统，于1926年前来观赏洞中美景。当今的拉玛九世国王普密蓬更是先后两次游览此地。

其他好去处

碧武里最知名的高棉风格寺庙——玛哈泰寺

碧武里 4

碧武里分布着泰国不同时期的寺庙，River Phet穿城而过。这座布局紧凑的小城兴起于11世纪，最初由高棉人统治。17世纪以来，这里逐渐演变成了一个商品交易的集散地。19世纪中叶，拉玛四世国王于此地兴建了一座宫殿。这座宫殿所在的区域如今已经发展成为一个制糖中心，原料来自附近种植的棕榈树。

碧武里的景点半天时间就能够逛完。因此，建议将这里作为华欣（➤P176～177）和曼谷之间的休息站，或是南下途中的停靠点，顺道还可以游览著名的丹嫩沙多水上集市（➤P102～103）。

在众多的寺庙中，最值得观赏的主要有5座。游客完全可以步行游览，全程只需花费个把小时。其中，亚素万朗寺（Wat Yai Suwannaram）、波龙寺（Wat Borom）和特拉洛克寺（Wat Trailok）位于碧武里的东北角，彼此之间距离较近。亚素万朗寺建于17世纪，后又经过重新整修，里面供奉着许多神态各异的佛像，内堂装饰的壁画也十分精美。寺中的典藏图书馆建在一个高高架起的平台上，目的是防止书被虫蛀。

位于南边的甘烹灵寺（Wat Kamphaeng Laeng）建于13世纪，是一座高棉风格的庙宇，原本供奉的是印度教的神明，后改为佛教寺庙。

在碧武里河道的西侧，坐落着著名的玛哈泰寺。尽管这座寺庙中大多数建筑被缅甸人破坏了，但它仍是泰国最有意义的寺庙。寺中的许多佛教文物都是由泰国现任国王捐赠的。有时间的话，还可以乘坐有轨电车到拷汪山（Khao Wang Hill）上去参观拉玛四世国王的宫殿。在宫殿外围的西侧，坐落着帕那空奇里（Phra Nakhon Khiri）博物馆，博物馆的前身是国王居住过的夏宫。

在河道的西侧，还有两座洞穴寺庙——Khao Banda-It和Khao Luang。这里也是普密蓬国王一家钟爱的野餐地点。

✉ 500/51 Patch kasen Road
☎ 0 3247 1005

帕那空奇里博物馆
🕘 8:30—17:30
¥ 150 泰铢
🚌 拷汪山有轨电车站（¥ 50 泰铢）

洛坤 5

沉醉在苏梅群岛的海岛风光中，很多游客大概都会忽略泰国湾沿岸那些美丽的城镇。其中，沿河修建的洛坤就是一个极具宗教文化氛围的地方，分布着大大小小的印度教神龛、佛教寺庙、清真寺和教堂，是这里最主要的传教中心。

玛哈泰寺是泰国南部最大的佛教圣地，是极佳的摄影地点。与此同时，这里的国家博物馆里还藏有一尊建于9世纪的毗湿奴（Vishnu）塑像和两面极其罕见的越南铜鼓，其精美程度令人惊艳。

在东南亚地区，皮影戏（nang

洛坤的和尚在制作皮影戏道具

四大皇家景点

- 忘忧宫（➤P177）：这座位于华欣的宫殿是普密蓬国王的御用度假宫殿。
- 帕亚那空山洞（➤P179）：位于三百峰国家公园，内有拉玛五世国王修建的凉亭。
- 帕那空奇里（见本页）：位于碧武里的拷汪山上。
- 东关山玛奇玛寺（➤P183）：位于宋卡东关山，是由拉玛五世国王下令建造的。

适合儿童游玩的景点与项目

- 海滨度假胜地——华欣（➤P176~177）。
- 华欣Centara Grand Beach Resort & Villas大酒店（➤P187），其花园中有象形灌木、植物迷宫和真人大小的象棋棋盘，散发着《爱丽丝梦游仙境》般的童话氛围。
- 乘船前往帕亚那空山洞参观皇家凉亭。
- 在龟岛清澈的海水中浮潜，观赏五彩缤纷的海洋生物。
- 在苏梅岛波普村西侧的卡丁车赛道上奔驰（🕒9:00—21:00）。

thalung）是一种常见的艺术表现形式，但真人大小的木偶南雅（Nang Yai）皮影戏却是泰国独有的，著名的梵语史诗剧《罗摩衍那》中就曾出现过这样的木偶。在Suchart House，可以观摩手工艺人将水牛皮或母牛皮制作成皮影戏木偶的过程。运气好的话，你还有机会坐下来欣赏一出精彩绝伦的皮影戏。皮影戏仅限在特殊场合才能表演。公馆内还出售各种木偶纪念品，诸如巫师、挥舞着剑的愤怒的男人等。

✉ Sanamnamueang，Ratchadamnoen Road

☎ 0 7534 6515-6

🕒 8:30—16:30

玛哈泰寺

✉ Thanon Ratchadamnoen

¥ 30 泰铢

国家博物馆

✉ Thanon Ratchadamnoen

☎ 0 7532 4480

🕒 周三—周日：9:00—16:00

¥ 200 泰铢

Suchart House

✉ 110/18 Thanon Si Thammasok, Soi 3

☎ 0 7534 6394

¥ 50 泰铢

春蓬 6

春蓬又译“尖喷”，是泰国南部的一个府，位于马来半岛最狭窄处。春蓬府有很长的海岸线，距岸不远处有一些离岛，其中沙美岛（与罗勇府的沙美岛同名）离春蓬河口仅12千米。府内大部分地势平缓，西部有一些小丘陵。朗逊河（River Lang Suan）是府中的主要河流。而龟岛离海岸约60千米，这里常年水暖，很适合进行潜泳，而且岛上很安静，深受潜泳爱好者们的喜爱，有一些外国游客常年住在

柯拉渔船

“柯拉”是泰国湾沿海地区穆斯林渔民常用的一种手工木质渔船。这种船的制作工艺较为复杂，往往要花费4个月的时间才能完成。在北大年府（Pattani）距吉打州（Saiburi）2千米北部的海滩上，就有不少制作柯拉渔船的手工艺人。如果有兴趣，可以前去细细观赏他们是如何在船体上雕刻和涂绘精美花纹的。如今，虽然马达已经代替了原本的风帆，但是柯拉渔船依然沿用了几百年前的船体设计。最常见的船体彩图图样包括狮子、神鸟和水蛇。

宋卡精美绝伦的玛奇玛寺

海边的小木头房子里。从春蓬可以坐船到龟岛，这里才是泰国南部真正的起始地，因为语言、风俗、习惯都从这里开始改变，说它是个分界线也非常恰当。如果时间充裕，不妨找个小镇停留，搭车到海边，吹吹海风，尽情享受一番。

小海水鸟公园 7

这片遍布着沼泽、咸水湖的海洋公园是上百种水鸟的栖息地。在这里，能看到白鹭鸶、草鹭和棕毛短颈野鸭。每年3月—4月是水鸟的迁徙期，最适合观测鸟类。即使你不是鸟类爱好者也没有关系，从博他仑（Phatthalung）乘渡船穿梭在芦苇丛中，观赏两岸的葡萄园也是一种特殊的享受。

✉ Thale Noi Waterfowl Reserve, Phatthalung

☎ 0 7468 5230

⏲ 8:00—17:00

宋卡 8

宋卡位于泰国湾与Thalay Sap湖之间的宋卡湖口，是泰国南部重要的港口城市。作为宋卡的首府，宋卡有一个小渔港，还有建于宋卡王朝时期的各种名胜古迹。宋卡国家博物馆建于1878年，是一座颇具中式风格的辉煌建筑。馆内展品从当地农具到中式家具，应有尽有。玛奇玛寺（Wat Matchimawat）威严肃穆，华丽无比。位于宋卡西北部的东关山（Khao Dang Kuan）上建有一座皇室宫殿，山顶风景独好。城南的萨恩山（Khao Saen）山脚下有一个热闹的鲜鱼市场，除周五之外每天下午都会开放。

✉ 1/1 Soi 2 Thanon Niphatuthit 3, Amphoe Hat Yai, Songkhla

☎ 0 7423 1055

国家博物馆

✉ Thanon Wichian Chom

☎ 0 7431 1728

⏲ 周三—周日：9:00—16:00

¥ 30 泰铢

深入泰南地区

位于泰国南部边境的3个省府——也拉（Yala）、北大年和那拉提瓦（Narathiwat），及宋卡的部分地区近些年来频遭泰国反政府分裂分子的暴力袭击，当地也曾出现过不少游客遇袭的恶性事件。如果计划到上述地区旅行或过境，请提前查询当地的治安情况，以确保自身的安全。相关信息可查询@www.auswaertiges-amt.de。

徒步旅行和自驾游

三百峰国家公园自驾游

踏上这段休闲之旅，前去探索静谧的沿海沼泽和荒无人烟的黄金海岸。那里除了林立的松树和神秘的山洞之外，还有风景迷人的行船路线和森林步道。沼泽地里，虾农和渔夫们在忙着养殖和捕捞，上百种候鸟在其间繁衍生息。此外，三百峰国家公园风景秀美，但山间密布的森林也为登山带来了不小的挑战。

1—2

离开华欣，沿着4号高速公路向南开到蓬武里（Pran Buri）（大约20千米）。在蓬武里的主十字路口处左转，再继续向前行驶20千米，到达公园检票处，交费后便可取得一份包含简易地图的导游手册。进入公园后，会有标记着“三百峰国家公园”的路标，指向公园的服务中心。

2—3

在指向里沙拉海滩的指示牌处左转，经过部山洞（Tham Kaew）

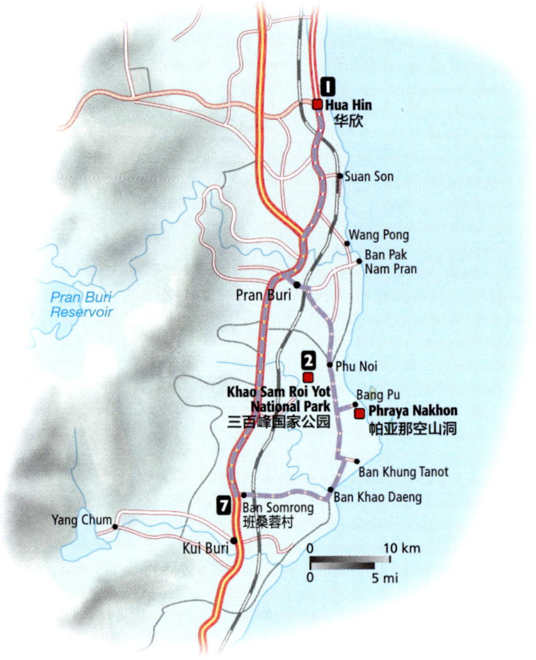

如何前往

尽管你可以参加旅行团前往三百峰国家公园，但最舒适的游览路线其实是租车自驾前往。由于公园最大的亮点是与世隔绝的自然环境，因此乘坐出租车或公共交通工具前往难免会让游客错失游园的乐趣。如果时间充裕，不妨在日出或日落时分观赏一下各种飞禽。幸运的话，还能在夜间看到长尾猕猴和郁乌叶猴。

游览距离： 150千米（单程）
游览时间： 1天
起/终点： 华欣

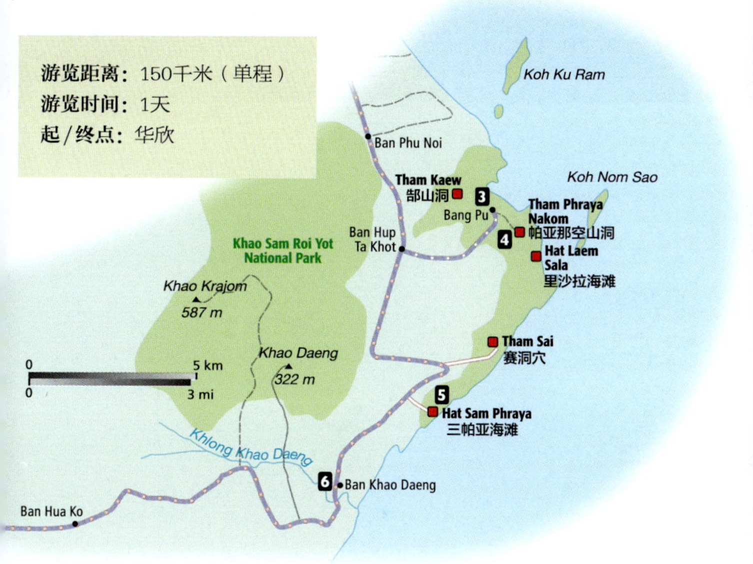

入口以及一个养虾场。租一盏灯，跟随导游前去探索部山洞，观赏洞内闪闪发亮的钟乳石和水晶。沿路一直走到尽头。由于车辆不能进入邦普村，你可以将车停在村口的停车场里。在马蹄形海湾的东部，能够看到村民将刚刚打捞上来的鱼虾倾倒在岸边的壮观场景。

3—4

要想从这里到达里沙拉海滩，可以绕过陡峭的海岬步行半小时，也可以花5分钟乘船前往。你可能需要脱下鞋袜，光着脚踏上泥泞的海滩。里沙拉海滩上有一个小型的游客中心，里面有几间朴实的客房和一家餐厅。这里距离著名的帕亚那空山洞（➤P179¥免费）有大约半小时的路程。虽然山洞所在的位置十分隐蔽，但却是公园中最受欢迎的景点。

4—5

返回邦普村口的停车场取车，驾驶到主十字路口后向三帕亚海滩行

三百峰国家公园内的红山风景

进。这个漂亮的海滩边有一家餐厅、一个游客中心、一个望远镜租赁地和一处鸟类栖息地。在那里，你可以观赏到朱鹭、苍鹭、乌雕和树鸭。沿着海滩小径向前行进，还可以到达北部的赛洞穴（Tham Sai）。

放松一下

三帕亚海滩是一个十分适合午餐的地点。除了到附近咖啡厅里用餐之外，你还可以自带野餐食材，到沙滩上的凉亭里，一边用餐，一边享受浓密松树带来的阴凉。

5—6

继续向南驶向红山方向，便可到达公园的总部。总部内有关于园内动植物的信息介绍，不过其内容和三帕亚海滩的游客中心提供的并无差别，没必要专程去参观。

总部也是马蹄步道和红树林步道的起点。不过，这两条步道上路标不是很清晰，路况也不佳。事实上，在前往总部的路上很容易看到成群的猴子。附近的红山需要30分钟左右才能攀爬到山顶，那里的美景确实不容错过。

沿路继续向南行进，跨越大桥向右转，沿着河岸行驶，会看到一些寺庙和悠闲吃草的耕牛。你也会偶遇船夫邀请你乘船去运河地区浮潜。

6—7

沿着指示牌驶出公园，中途会经过班桑蓉村（Ban Somrong），穿过风景秀丽的泛蓝山区，到达公园出口。

跨越火车铁轨时，要小心穿梭其间的火车。铁轨不远处有一个主交叉路口，左手边有一家商铺，专门售卖一种用芭蕉叶包裹的糯米水果手卷。

向普兰府方向右转，进入4号高速公路，返回华欣。

宿食购娱

住宿

双人房预计消费：
2 000泰铢以下 ฿　2 000泰铢~5 000泰铢 ฿฿　5 000泰铢以上 ฿฿฿

华欣

Anantara Resort and Spa ฿฿฿

这是一座融合了传统泰式建筑风格和花园景观元素的现代化奢华酒店。酒店提供水疗套餐服务。客房均配备有宽敞的观景平台，可眺望湖景。家具为藤条和柚木制品。秉承Anantara酒店崇尚健康养生的理念，酒店内的班塔利亚（Bann Thalia）餐厅为住客提供各种营养均衡的健康美食。酒店内还有一个小型高尔夫球场。

✉ 43/1 Phetkasem Beach Road
☎ 0 3252 0250
@ www.anantara.com

Chiva-Som ฿฿฿

"Chiva-Som"意为"生活的天堂"，是全球知名的疗养度假酒店，可为住客提供多达150项疗养服务。酒店坐落在滨海一座占地面积为3平方千米的花园中，共有57套精装套房，并设有装饰豪华的游泳池和景观瀑布。健身项目包括太极拳、独木舟、山地自行车和骑马。

✉ 73/4 Thanon Petchkasem
☎ 0 3253 6536
@ www.chivasom.com

Long Beach Inn ฿~฿฿

长滩岛客栈是一家物美价廉的滨海旅店。客栈的客房布置十分温馨，地理位置优越，而且客栈的主人热情好客，可以为住客量身定制度假行程，十分适合全家入住。客栈内还配有一个小型的游泳池。

✉ 223/4 Moo 4，Sam Roi Yot National Park
☎ 08 6064 5841
@ www.longbeach-thailand.com

Centara Grand Beach Resort & Villas ฿฿฿

这家殖民时期风格的酒店建于1923年，前身为铁路大酒店。酒店的装修沿袭20世纪20年代的风格，有着挑高的天花板和木镶板。酒店地处海滨地区，后花园中有一片独特的园艺展示区。在罗兰·约菲拍摄的电影《战火屠城》中，该酒店是法国大使馆的外景拍摄地。酒店拥有3个游泳池、一个棒球场和几个网球场。

以铁路餐厅为代表的店内餐饮也远近闻名。浪漫的温泉别墅和游泳池别墅特别适合前来度假的情侣。

✉ 1 Thanon Damnern Kasem

☎ 0 3251 2021/38

@ www.centarahotelsresorts.com

Veranda Lodge ฿฿～฿฿฿

这是一家精品酒店，共有12间客房和6间套房，装修风格华丽，服务设施齐全，距离镇中心商业区不远。酒店的餐厅可以为住客提供各种新鲜的海鲜美食和原汁原味的泰式料理。酒店内还有一个正对沙滩的热带花园式游泳池。

✉ 113 Soi Hua Hin 67

☎ 0 3253 3678

@ www.verandalodge.com

三百峰国家公园

Dolphin Bay Resort ฿～฿฿

这家酒店是距离三百峰国家公园最近的舒适型度假酒店。酒店位于华欣南部35千米处，坐落在幽静的普诺伊（Phu Noi）海湾边，是一家适合全家入住的温馨度假村，服务人员十分热情好客。这里共有24座木屋，22间带阳台的客房和6栋别墅，另设两个游泳池。所有房间都有空调、卫星电视和迷你酒吧，还可以直接观赏海景。酒店的餐厅可为住客提供泰式和欧式的菜品。

✉ 227 Moo 4，Tambon Sam Roi Yot

☎ 0 3255 9333/60

@ www.dolphinbayresort.com

苏梅岛

Coral Cove Chalets ฿฿

酒店位于苏梅岛的查汶海滩和拉迈海滩之间，周围种满了椰子树。酒店附近的海滩非常僻静，私密性极好。客房均为舒适的泰式木屋，屋内铺设着木地板，现代化设施齐全，窗外海景极佳。如果你热爱浮潜，酒店附近的海域还有美丽的珊瑚礁等待着你去探险。

✉ 210 Coral Cove Beach, Lamai, Ko Samui

☎ 0 7744 8500/03

@ www.coralcovechalet.com

Kamalaya ฿฿฿

这里是苏梅岛上数一数二的疗养胜地。度假村中央有一个洞穴，曾是当地的佛教僧侣冥想练功之地。除了有各种功效的温泉之外，酒店还为住客提供多种药物康复疗法，对于放松身心十分有效。酒店的花园为巴厘岛风格，有一条小径直通附近的海滩。住客可以在酒店的咖啡厅和餐厅享用美味的午餐和晚餐。

✉ 102/9 Moo 3, Laem Set Road, Ko Samui

☎ 0 7742 9800

@ www.kamalaya.com

Natural Wing Resort ฿～฿฿

位于苏梅岛西北部邦普海滩的这家酒店设计感十足，别墅客房全都依山而建，在翠绿的植被中若隐若现。房间配有卫星电视和网络。此外，酒店还有景色独特的树屋可供租用。在泡完温泉后，住客可以在酒店的餐厅里享用泰式、欧式和越南式餐点。

✉ 11/5 Moo 6, Bang Po Beach, Ko Samui

☎ 0 7760 2111

@ www.naturalwing.com

Sea Scene Resort ฿~฿฿

这家海景度假酒店是一家物美价廉的优质酒店。标准木屋配有电扇，并有阳台可供住客观赏海景。高档客房配有空调设备以及面向大海的观景阳台。除此之外，酒店还有可供全家人居住的大木屋，同样配有空调和冰箱等电器。酒店地处僻静的海滩旁，餐厅视野极佳，供应美味的鸡尾酒。

✉ Aow Plaayleam，Ko Pha-Ngan

☎ 0 7737 7516

@ www.seascene.com

The Sarann ฿฿฿

坐落在查汶海滩附近，拥有奢华的海景别墅。客房铺设着硬木地板，配有空调。温泉浴场为住客提供各种舒压疗程，设有游泳池、健身房、图书馆和网络中心。可以俯瞰海滩的Wild Ginger餐厅中还有露台餐位可供食客观景用餐。

✉ 95–96 Moo 3，Chaweng Noi Beach，Ko Samui

☎ 0 7744 8540

@ www.thesarann.com

碧武里

Pineapple Garden Beach Resort ฿฿

酒店的海滨花园中种满了菠萝。12间宽敞明亮、装修时髦的小木屋中全部铺着瓷砖地板，而且每一间都有专属的观景平台可供住客欣赏花园和海滩的景色。为了满足小朋友的需求，酒店还配备了各种游泳池娱乐设施以及游乐场和游戏室。此外，酒店内还有一片私人海滩可供住客休息。

✉ 335/1 Tambol Cha-Am，Ampur Cha-Am

☎ 0 3247 1622-3

@ www.pineapple.in.th

Regent Chalet ฿฿~฿฿฿

这家度假村位于七岩景区的南端，距离华欣不远，在曼谷以南185千米，是一家宽敞、舒适的度假村，它建在一座占地面积约为240亩的花园里。度假村拥有700间客房，主要包括雷金特七岩区、雷金特厢房区和雷金特别墅区3个部分。度假村毗邻一片沙滩，阳光充足，视野辽阔。所有客房都可以俯瞰游泳池、花园和大海。配套服务设施包括健身房、桑拿浴室、壁球室、网球场和室外按摩浴场。

✉ 849/21 Thanon Petchkasem，Cha-Am

☎ 0 3250 8140-3

@ www.regent-chaam.com

美食

每餐人均3道菜的价格（不包括酒水和服务费）：
300泰铢以下 ฿　　300泰铢~600泰铢 ฿฿　　600泰铢以上 ฿฿฿

华欣

Brasserie de Paris ฿฿~฿฿฿

这家知名的法式餐厅拥有一个可以眺望海景的观景台，你可以边用餐边欣赏远处装饰得五颜六色的渔船。推荐的海鲜菜品包括华欣蟹和圣雅克花边扇贝。在这里，你也可以享用到经典的法式餐前菜、主菜和甜品。餐厅一直保持着高雅的法国餐厅服务规格。要是你想小酌一杯，餐厅也提供各式物美价廉的法国红酒。

✉ 3 Thanon Naresdamri
☎ 0 3253 0637
🕒 17:00—22:30
@ www.brasseriedeparis.net

Let' s Sea ฿฿~฿฿฿

这是一家时尚的户外餐厅，正对着泰国湾美丽的海滨沙滩，为游客提供正宗的泰式美食和各国菜品，偏向于家常风味。餐厅的装修风格是休闲风，但又不失精致，与华欣的其他餐厅相比显得十分有个性。

✉ 83/188 Soi Huathanon 23 Khaotakieb
☎ 0 3253 6888
🕒 12:00 至次日 1:00
@ www.letussea.com

Saeng Thai Seafood ฿฿

这是华欣地区最古老的一家餐厅，为游客们提供的美食原料均为当地渔民当天捕捞的新鲜海鲜，不少当地人也会时常光顾这里。坐在这家宽敞的海滨餐厅里，闻着咸咸的海水味和海鲜香气，让人感觉格外舒适和自在。

✉ Thanon Naresdamri （海港附近）
☎ 0 3251 2144
🕒 10:00—22:00

苏梅岛

Baan Thai Food Garden & Antique House ฿฿

位于查汶海滩附近的一家正宗的泰式餐厅。最有名的料理便是大龙虾。巨大的龙虾配上主厨的秘制蘸料，肯定会让你食指大动。餐厅还提供其他的海鲜自助餐。入夜后，餐厅工作人员还会为前来用餐的食客们表演精彩的泰式歌舞。

✉ Chaweng Beach Road，157 Moo 2，Bophut，Chaweng Beach
☎ 0 7723 1123
🕒 16:00—24:00

Big John's Seafood Restaurant ฿฿

这家餐厅是苏梅岛上最好的海鲜餐厅之一。在这里，你可以点一杯甘醇的玛格丽塔鸡尾酒，坐在滨海的餐桌旁欣赏落日美景。海鲜拼盘和菠萝饭是这里最火的美食。

✉ 95/70 Moo 2，Lipa Noi
☎ 0 7748 5775
🕒 8:00—22:00

Captain's Choice ฿฿฿

这家位于海边的美食餐厅隶属于皇家船屋海滩度假村，是苏梅岛上最高档的餐厅之一。餐厅的午餐菜品口味清淡，以新鲜沙拉和鱼为主。晚餐则以意大利北部菜肴为主，配以明虾、鱿鱼、螃蟹、大龙虾和小龙虾等当日捕捞的新鲜海鲜。除此之外，酒店还提供各种高档葡萄酒。每晚，沙滩上还有现场爵士乐演奏会。

✉ Imperial Boat House，83 Moo 5，Hat Choeng Mon

0 7742 5041
11:00—23:00
www.imperialhotels.com

Happy Elephant ฿฿

正如餐厅的名字那样，这是一家温馨欢乐的餐厅，位于苏梅岛的波普（Bophut）海滩旁边。这里的菜品以经典泰菜为主，包括酸角酱烤明虾和甘蔗烤虾饼等。除了新鲜的海鲜之外，餐厅也供应比萨饼、意大利面和汉堡等西式美食。此外，这里的水果奶昔和各式葡萄酒也深受食客的喜爱。

78/1, Bophut Beach
0 7724 5347
12:00—22:30

Jing ฿฿฿

京餐厅是苏梅岛上开了很久的一家中餐馆，不少食客都称赞这里的美食和曼谷以及中国国内的中餐厅不相上下。别惊讶，菜单上的 70 道菜品，全部都由曼谷美食届的泰斗彼得·雷独创。餐厅的主厨是来自中国香港的退伍军人，在曼谷希尔顿酒店和香格里拉酒店先后工作过 14 年之久。他不仅做得一手风味纯正的广东菜，还能够烹饪美味的蒙古烤羊。每位来此用餐的客人都能够享受到地道的广式美食。

Soi Calibri, South Chaweng （中心度假村对面）
0 7741 3462
12:30—22:30

Ocean 11 ฿฿฿

想要为你的美食之旅留下一个美好的回忆？这家餐厅绝对是苏梅岛上最受欢迎的选择之一。这里提供丰富多样的泰餐、海鲜美食和各国料理，还有著名的大佛海滩 (Big Buddha Beach)，蓝天白云、水清沙白，风景如诗如画，你可以坐在沙滩上尽情享受美景和美食。

23 Moo 4, Bophut
0 7724 5134
14:00—22:00
www.o11s.com

Orgasmic ฿฿

位于美丽海滨的欢乐餐厅为食客提供众多美食选择，这里不仅有高档的精致菜肴，也有家常的咖喱美食。坐在餐厅的露台上用餐，你还可以观赏美丽的落日余晖。

Bophut Beach
08 4846 6228
15:00—23:00

Pakarang ฿฿

这家餐厅远离喧闹的查汶海滩，地处一片风景优美的僻静地。你既可以坐在室内用餐，欣赏苏梅岛当地的艺术画作，也可以坐在室外的三角梅花架下享用美食。这里的传统咖喱料理添加了椰奶，甜辣适口，美味无比。你还可以点上一杯心仪的鸡尾酒佐餐。

9 Moo 2, Tambon Bophut
0 7723 4555
7:00—22:00
www.coralbay.net

Poppies ฿฿～฿฿฿

罂粟花餐厅为食客们准备了两种风格迥异的用餐地点。你既可以选择在温馨的柚木凉亭下用餐，欣赏身边翠绿的热带花园，也可以坐在海滩帐篷里大快朵颐。餐厅菜品丰富，既有各式海鲜料理，也有泰国中部美食，酒水饮料也相当不错。这里每周二、周五和周六为“泰国之夜”，会有吉他演奏家为大家现场奏乐助兴。

South Chaweng Beach Road
0 7742 2419
11:30—23:00

Sala-Thai ฿฿

苏梅岛上的拉迈海滩周围餐厅林立，这家餐厅就是其中一家颇受好评的美食目的地。餐厅里装点着小瀑布和喷泉，气氛温馨浪漫。除了泰餐之外，你也可以在这里享用各国美食料理。推荐椰奶鸡肉和烤明虾。

✉ 124/115 Moo 3，Lamai Beach Road
☎ 0 7723 3180
🕒 14:00 — 23:00
@ www.sala-thai.com

Shades Beach Restaurant ฿฿

这家餐厅是波普主街上的一家时尚餐吧，这里服务周到，提供各式葡萄酒。招牌菜主要是新鲜的海鲜美食。你还可以提前预订能够俯瞰海湾的餐位。

✉ Tambol Bophut 99 Moo 1，Bophut
☎ 0 7724 5144
🕒 17:00—22:00

Vecchia Napoli ฿฿

这家专供那不勒斯美食的餐厅可为食客提供家常意大利面、各类比萨饼和海鲜美食，分量超足，美味可口。店内的装修风格让人仿佛置身那不勒斯。

✉ 166/31 Moo 2，Chaweng Beach
☎ 0 7723 1229
🕒 12:00—23:00

碧武里

Poom ฿฿

这家餐厅是七岩地区最好的海鲜餐厅，旅游高峰期建议你提前预订。推荐鲜嫩多汁的烤鱼、烤螃蟹和烤鱿鱼，蘸上独特的酱汁，保证让你欲罢不能。不过，餐厅门庭若市，用餐环境稍显嘈杂。

✉ Thanon Ruamchit，Cha-am
☎ 0 3247 1036
🕒 12:00—22:00

Rabieng Rim Nam ฿

餐厅位于River Phet沿岸，紧邻Chomrut Bridge，是一栋可爱的柚木建筑。店内提供英语和泰语双语菜单，共有上百种美食料理供你选择。除了招牌的海鲜之外，香辣山药沙拉也是一道美味的创意开胃菜。当地有名的菜肴辣鱼饼配面也值得一尝。餐厅还有若干间客房可供租用，房间内均有网络。

✉ 1 Thanon Chisa In，Phetchaburi
☎ 0 3242 5707
🕒 8:00—24:00

洛坤

Bovorn Bazaar ฿

来到波沃恩市集，你不仅能够找到装饰新颖的小咖啡馆，还能够品尝到地道的当地美食。其中最值得一试的是克鲁瓦那空餐厅（Khrua Nakhon）。这个热闹的市集同时也是泰式早餐摊的聚集地，你可以在享受早餐的同时点上一杯冷饮或是一杯热咖啡，推荐豪咖啡厅（Hao Coffee）。不过，这里只在白天对顾客开放。

✉ Bovorn Bazaar，Thanon Ratchadamnoen
☎ 0 7531 7197
🕒 8:30—14:00

宋卡

Naiwan ฿฿

位于萨米拉海滩（Samila Beach）的这家鱼餐厅每天都为到店的食客提供当天捕捞上来的龙虾、鱿鱼、大明虾和蛤蜊，并用泰南独有的料理手法来烹饪。这里的柠檬汁鱿鱼鱼子酱是当地特色美食之一。如果你对鱼子酱不感兴趣的话，不妨尝一下家常风味的烤明虾或烤黑鲈鱼，绝对会有非一般的享受。

✉ 8/13-16 Ratchadamnoen Road，Muang Songkhla
☎ 0 7431 1295
🕒 10:00—22:00

购物

华欣

在华欣热闹的夜市里，你可以买到精美的富有当地特色的手工艺品及家居用品。虽然夜市的规模远远不能与曼谷的夜市相提并论，但也自成一格。在 Thanon Naret Damri 附近是精品店聚集的地点。那里的丝质及棉质服装，款式多样，价钱也非常合理，喜欢享受杀价血拼的人可以在此大展身手。夜市里小吃、咖啡馆应有尽有，在这里你可以品尝到华欣最地道的美味。Market Village（✉ 234/1 Phetkasem Road，Tumbon Hua Hin ☎ 0 3261 8888 🕒周五—周六：10:30—22:00，周日—周四：10:30—21:00 @ www.marketvillagehuahin.co.th）是一座现代化的综合购物和娱乐中心，其中有各大品牌的服装店、电影院、保龄球馆和多家餐厅，可以满足你的购物和休闲需求。Plern Wan Shopping Village（✉ Soi Hua Hin 38—40 Phetkasem Road ☎ 0 3252 0311 🕒周五—周六：8:00—23:00，周日—周四：9:00—21:00 @ www.pleanwan.com）也可以一去，这里是一处露天商场，它是用回收的旧木料，以环保的概念建造而成的，颇具怀旧风格，在这里可以感受 50 年代华欣的生活气息。两层的庭院式建筑中汇集了众多的怀旧商店，售卖各种小吃、酒水、玩具等，同时还有美容沙龙、摄影室、露天电影院和客栈。

苏梅岛

与华欣相比，苏梅岛的购物选择更多。你还可以在这里的珠宝店参加宝石拍卖活动。不过，在购买“赌石”之前，建议你最好了解行情。

苏梅岛的查汶海滩和拉迈海滩附近开设有多家超市。Oriental Gallery Arts and Antiques（✉ Chaweng Beach Road ☎ 0 7742 2200）售卖各种具有泰国特色的柚木家具和手工艺品，还可以安排发货至世界各地。

如果你要购买泳衣，可以到 Life's A Beach（✉ Chaweng Beach Road ☎ 0 7742 2630），这里出售各种从澳大利亚进口的最新泳具。

岛上最高档的 Joop! Tailors（✉ Chaweng Choeng Mon Beach ☎ 0 7742 7011 或 Chaweng Beach ☎ 0 7741 3237）可以在 24 小时内制作一套制服或者一条裙子。

此外，苏梅岛上著名的手工艺人尼米特·米方制作的手工鞋享誉全球，在包括安纳塔拉、罂粟花、梅里迪安和丹地波利在内的各家高档酒店商店中均有销售。

除此之外，位于查汶海滩的 Central Shopping Arcade 有各种艺术画廊和设计师精品店。

苏梅岛上的大卖场主要有 Big C 和 Tesco Lotus 这两家。如果有需要，在这里采购化妆品是个相当不错的选择，价格比其他地方要便宜很多。这两家超市也有不错的泰式特产值得选购。Big C（✉ 129/19 Moo 1, Bo Phut, Ko Samui ☎ 0 7796 0711 @ www.bigc.co.th 🕒 9:00—22:00）还有多家商店售卖衣饰、食品及日常用品。超市内还设餐厅，逛累了可以在这里稍事休息或吃点东西。Tesco Lotus（✉ 1/7 Moo 6，Rob Koh Bophut ☎ 0 7724 5400 @ www.tescolotus.com）集合超市、健身会所、美食广场于一身。这里的商品物美价廉，吸引了各地的游客前来购物，当地居民也很喜欢来这里购买日用品。

苏梅岛的一些集市上售卖的一些手工艺品，采购的时候需要注意砍价，只要保持笑容，就算买卖不成也不伤和气。

苏梅岛上除了大卖场和集市外，还有许多特色店铺，比如当地画家的小画廊、手工艺人的纪念品商店，定制珠宝首饰的精品店等，留心寻找，很有可能会淘到意想不到的宝贝。

娱乐

高尔夫

华欣有8家高档高尔夫球场，其中包括18洞的 Royal Hua Hin Golf Course（☎ 0 3251 0044 @ www.golfhuahin.com/royalhuahin.htm）。这家建于1924年的高尔夫球场是全泰国最古老的高尔夫球场，距离华欣镇中心仅有5分钟车程。除了华欣之外，附近的七岩地区也是高尔夫球爱好者喜欢的休闲目的地之一。这些地区的球场入场费价格合理，但周末时会出现价格翻倍的情况。

在大部分球场上打球都需要配备球童。尽管这些球童的收费都很合理，符合国际标准，但还是建议在离开时多留一些小费。因为这些球童大多都是长期在高温下辛苦工作的年轻女性。

夜生活

泰国湾沿岸地区夜生活最繁华的非苏梅岛和帕岸岛莫属。此外，华欣的 Naretdamri 街和 Phunsuk 街交界处还有一条热闹的酒吧街。

苏梅岛

查汶海滩上最受欢迎的娱乐场所当属 Green Mango Club（✉ Soi Green Mango @ www.thegreenmangoclub.com），每天都会开放到午夜之后。附近的 Reggae Pub（@ www.reggae-pub.com）也是游客们热衷的休闲宝地之一。酒吧里设有一片宽敞的露天舞池，人们可以和着最新最劲爆的雷鬼音乐翩翩起舞。类似的俱乐部还有附近的 Henry Africa's（✉ Soi Green Mango，Moo 2 ⏲ 17:00至次日2:00）。

每年的12月到次年4月，Big Buddha Beach（✉ 22/1 Moo 4，Ban Bangrak）"秘密花园狂欢节"（Secret Garden Festival @ www.secret-garden.co.th）。届时，每个周日14:00—22:00，来自世界各地的音乐人聚集在海滩上为游客们献上精彩的摇滚爵士即兴音乐会，给人耳目一新的感觉。

拉迈海滩上的主要夜生活地点位于 Bauhaus，那里有多个显示屏，可以转播世界各地的精彩体育节目。还有一个热闹的舞池，并常有变装秀和泰拳表演。

来到苏梅岛，当然不能错过这里的 SPA。岛上的 SPA 提供的服务种类很多，除了泰式传统按摩外，还有精油按摩、足底按摩、头部按摩等，都能达到解除疲劳、放松全身的作用。

其中 Let's Relax Spa Samui（✉ 108/42 Moo 1，Bophut，Ko Samui ☎ 0 7743 0231 @ www.letsrelaxspa.com ⏲ 10:00—24:00）是泰国知名连锁品牌，在曼谷、清迈、普吉、芭堤雅都有分店，环境优美，服务态度和卫生条件好，性价比高。

来到苏梅岛，如果你错过了满月派对，不用失望，这里的热闹气氛随处都可以让你感受到节日般的狂欢。比如人气最旺的 ARK Bar（✉ 159/89 Moo 2，Boput Chaweng，Ko Samui ☎ 0 7796 1333 @ www.ark-bar.com ⏲ 8:00至次日2:00），店内供应传统的泰式佳肴，每晚还会在沙滩上举行派对，热闹气氛丝毫不逊色于满月派对，而且还有舞蹈演员大跳火把舞。这里同时也是一个度假村，拥有多种豪华住宿客房，供游客住宿。

帕岸岛

在泰国，每到满月的时候，在苏梅岛的姐妹岛——帕岸岛上，将会举办誉满全球的满月派对。游客可以尽情狂欢。想要进一步了解详情，可以登录 www.fullmoonpartythailand.com 及 www.thailandmoonparty.com 查询。

安达曼海沿岸

地区概要

泰国的安达曼沿岸地区位于狭长的中南半岛西侧。从著名旅游胜地普吉岛，到马泰边境交界处，沿途风景绝美。这里有耀眼的白沙滩、平静的湖蓝色海水、陡峭的石灰岩岛屿，还有壮观的瀑布和享誉全球的海鲜美食。这里生活节奏缓慢，需要慢慢品味享受。

星罗棋布的海岛是安达曼海沿岸地区的一大特色。热闹喧哗的普吉岛拥有自己的国际机场，周边交通十分便利；颇受追捧的皮皮岛拥有田园般的浪漫景致；特列班国家公园地处这片海域的南端，偏僻幽静。海面上五彩缤纷的木质长尾船穿梭，“海洋吉普赛人”至今仍用最传统的潜水方式来人工采集珍珠。清透碧蓝的海底，缤纷的珊瑚丛里聚居着各种珍奇鱼类，形成了一道美丽的风景。

安达曼海沿岸蜿蜒的海岸线与甲米岛的轮廓完美地结合在一起。攀牙湾边，咖啡树、腰果树以及茂密的绿色雨林和热带红树林形成了一道天然的海滨屏障。

著名的考索国家公园是各种珍稀植物和野生动物的家园。在这片神奇的土地上，还孕育着世界上最大的花朵——大王花（Rafflesia Kerri Meyer）。

与泰国湾沿岸地区相比，安达曼海沿岸地区遭受季风侵袭的时候更多。每年的5月—10月都是季风频发的时节。

考索国家公园内郁郁葱葱的热带雨林

必游之地

1. 普吉岛 ➤P201
2. 甲米 ➤P203
3. 皮皮岛 ➤P206
4. 考索国家公园 ➤P208
5. 攀牙湾 ➤P210

其他好去处

6. 蔻立、锡米兰群岛和素林群岛 ➤P213
7. 佳木岛 ➤P214
8. 阁兰达岛 ➤P214
9. 董里 ➤P214
10. 阁德鲁道岛 ➤P215
11. 特列班国家公园 ➤P215

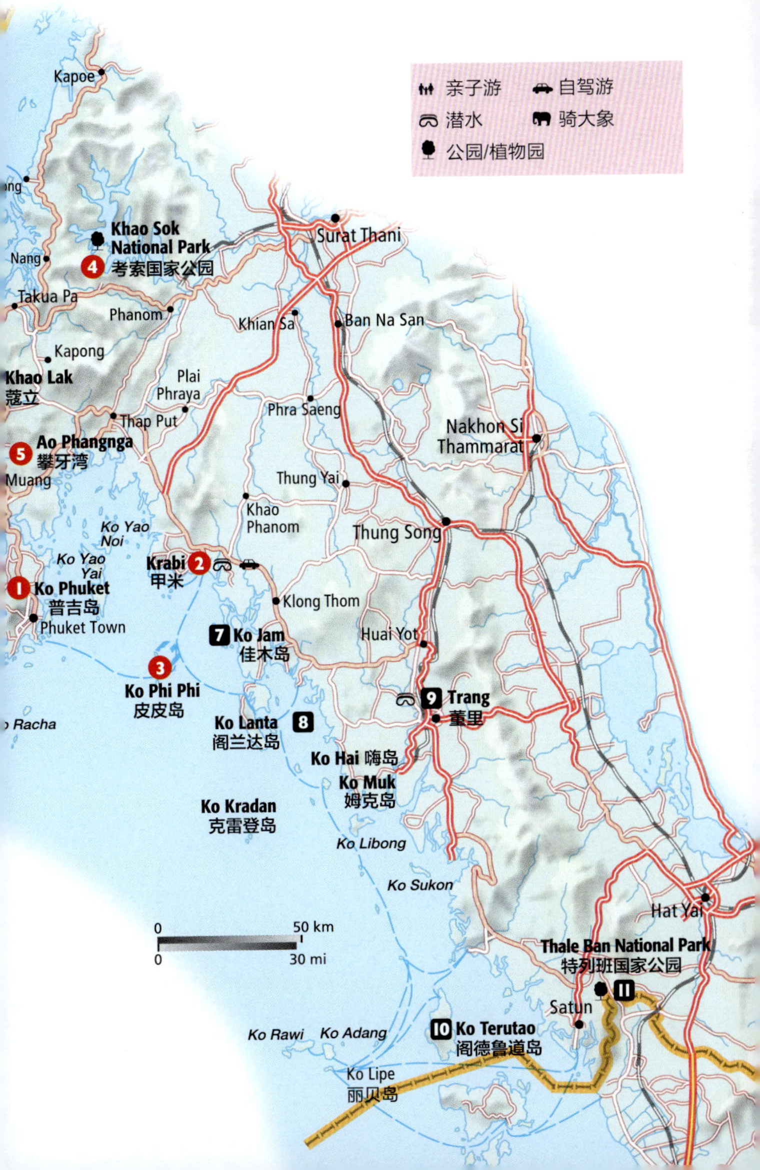

7日行程推荐

不知道从何玩起？下面推荐的行程保证能够让你在安达曼海沿岸度过愉快的一周。推荐景点的位置可参考地图，更多景点介绍请见下文。

第1日

普吉岛→芭东湾

上午

从曼谷出发，乘机90分钟即可到达❶普吉岛（➤P201～202）。相比火车和长途大巴，乘飞机出行更加快捷，且价格也不高。从芭堤雅出发到普吉岛的价格更加便宜。此外，从苏梅岛、清迈、合艾（Hat Yai）和素叻他尼的机场出发，也可以直达普吉岛。午餐地点推荐普吉岛的Thai Naan餐厅（➤P223）。

下午和晚上

在普吉岛最受欢迎的海滩——芭东湾（Ao Patong）悠闲地放松。晚上可入住岛上的奢华度假村，推荐The Royal Phuket Yacht Club（➤P221）。

考索国家公园

第2日
考索国家公园→雨林树屋

上午
乘大巴或自驾途经达瓜巴县（Takua Pa）前往❹考索国家公园（➤P208~209），单程需4个小时。

下午和晚上
午后，在雨林树屋的吊床上养精蓄锐。等到夜幕降临时，有更多的机会见到那些昼伏夜出的野生动物。

第3日
乔兰水库

参团进行一次环湖旅行，探访考索国家公园内最壮丽的景色之一——乔兰水库（Chieo Lan Reservoir）。这里不仅有壮观的石灰岩，还有神秘的溪边洞穴。晚上可以在湖边的木筏度假村里过夜。

攀牙湾水上风光

第4日
攀牙湾

上午
花半天时间乘车或自驾前往❺攀牙湾（➤P210~212），观赏一下湾中密布的小岛。如果你是乘车前往，需在达瓜巴县换乘。

下午
在车站，开始攀牙湾之旅。14点，跟着莎扬旅行社（Sayan Tours）的导游游览攀牙湾。享用丰盛的海鲜晚餐后，入住当地的穆斯林水上渔村（➤P210）。

第5日

甲米岛→虎窟寺→莱姆帕囊海岬

上午

自驾或乘早班大巴前往❷甲米（➤P203～205），单程需90分钟。剩下的时间尽情自驾游览甲米风光，途中可参观林中寺庙虎窟寺（Wat Tham Seua，➤P205）。挑选一家心仪的海滩餐厅享用午餐。

下午和晚上

有空的话，坐船前往风景如画的莱姆帕囊海岬（Laem Phra Nang，➤P204）。晚餐时返回甲米，徜徉在热闹的甲米夜市，品尝当地美食。推荐Viva（➤P222）的意大利美食。

第6—7日

皮皮岛

从甲米岛的港口乘船前往❸皮皮岛（➤P206～207）。躺在沙滩上惬意地享受明媚的阳光，或是跳上一艘黑鲨船来一趟探险之旅（可在当地租船公司处租用船只），到附近海域的岩石、珊瑚礁附近观赏长达2米的黑鲨。

甲米海滩

必游之地

1 普吉岛

普吉岛是泰国最大的海岛，也是泰国最小的一个府。它是往返于中印两国之间的船舶的中途停靠点。如今，这座号称“安达曼海之珠”的著名岛屿早已凭借岛上的美食、游艇、海鲜和潜水项目成为各国游客心中的度假胜地。作为泰南地区最富有的岛屿，这里所有的事物似乎都被贴上了“超级豪华”的标签。

在一望无际的沙滩边，有一座座占地面积巨大的奢华度假村。度假村身后就是宽敞的盘山公路。商业区主要位于普吉岛的西海岸。而芭东湾则是潜水学校的聚集地。虽然这里也在2004年的海啸灾难中受到了重创，但是如今重建起了各式各样的海鲜餐厅、纪念品商店和酒吧，所以又成为普吉岛的主要娱乐区。相比之下，邻近的卡伦海滩（Ao Karon）和卡塔海滩（Ao Kata）更加僻静。岛上还有不少的高档酒店可供游客选择。迈考海滩（Hat Mai Khao）位于北部的一个国家公园内，而当地居民聚居的社区则集中在南部和东部沿岸。据说附近的地貌由于锡矿开采而遭到了一定的破坏。

对一些游客来说，普吉岛更适合享乐。但不可否认的是，这里也是当之无愧的水上运动中心，遍布着顶级的潜水地点，而且都离海岸不远。虽然岛上有不少潜水学校的代理点，但最好还是通过芭东湾的潜水学校来预约潜水项目。这些潜水学校能为初学者提供各种培训课程，不喜欢潜水的游客可以尝试一下浮潜的项目。

普吉岛上的奢华度假村

卡伦海滩

卡伦海滩位于普吉岛西海岸，离芭东海滩不远。这里有着绵长开阔的海岸线，海水清澈。海边气氛悠闲，水上活动不多。每年12月至次年4月，海滩平缓，最适合游泳。过了5月份，海浪比较大，为了安全，一般禁止游泳。卡伦有不少星级酒店，与海滩只有一条马路之隔，适合喜欢安静度假的游客。海滩上的小餐馆提供各种当地美食和新鲜海鲜。如果到岛内山顶上的餐馆就餐，还能欣赏到美丽的海边落日。晚上的卡伦可以看到远处闪烁的渔火，海滩寂静而浪漫。

放松一下

Joe's Downstairs（✉ 223/3 Prabaramee Road，Patong Beach，Phuket ☎ 0 7661 8245 @ www.baanrimpa.com/seaside-restaurant）位于芭东海滩上，餐厅的装饰以白色为主调，干净而舒适，给人一种高雅的感觉。在这里享用美食，搭配着餐厅的藏酒，观赏海景，无疑是一种独特的体验。

✉ 191 Thalang Road

☎ 0 7621 1036

@ www.phuket-online.de；www.phuket.com

🕒 8:30—16:30

普吉岛海景

2 甲米 2

游客眼中的甲米岛有着美丽的沙滩和碧水环绕的渔村。然而，甲米地区大部分久负盛名的景点其实都在海上。从岛上坐船出行，可以到达人迹罕至的深水湾，那里有高耸的石灰岩和绚丽的海底珊瑚，因此也成了游客们攀岩和潜水的绝佳选择。

甲米镇位于Ko Maew和Ko Nu东侧，是一座绿树成荫、芳草遍地的河畔小镇。从某种意义上来说，甲米镇既是安达曼海沿岸地区的首府，也是这里的美食之都。灯火通明的甲米夜市，成排的玻璃柜里展示着当地的各种小吃，街边餐厅的大厨们用刚揉好的面团制作着金黄的油炸糕点，新鲜捕捞的海鲜被成串地挂在摊边的架子上。除了地道的泰国咖喱之外，在镇中的餐厅和咖啡馆里也能够品尝到全球各地的美食，诸如比萨饼、墨西哥餐、美式汉堡和希腊沙拉等。

位于甲米镇7千米处的一座石灰岩悬崖下，有一尊长达15米的卧佛。虽然佛像所在的位置比较隐蔽，但只需沿着404号公路耐心寻找，便可以看到。这尊佛像是当地一座名为赛泰（Wat Sai Thai）的寺庙的一部分，不过这座寺庙中并没有修行的僧人。

甲米的野生动物保护区

海滩

位于甲米镇西北18千米处的诺帕拉塔拉海滩（Hat Noppharat Thara）边种着成排的棕榈树，附近还有一座同名的国家公园。Noppharat Thara在泰语中的意思是“九珍溪流”，这里曾被称为“Dry Canal Beach”，因为有一条运河在这里汇入大海。由于这片海滩的浪潮远及海湾深处，因此在退潮时不适宜游泳。不过，这里倒是一个散步的好去处，你还可以在专门开辟的野餐区里美餐一顿。此外，游客还可以参团，乘船到大海湾海域的鸡岛（Ko Chicken）和波达岛（Ko Poda）附近去浮潜。

距离公路不远的南湾（Ao Nang）是背包客们最爱的景点之一。而南湾南边就是莱姆帕囊海岬，据说这个海岬是以当地的一位公主的名字命名的（Laem Phra Nang在泰语中的意思是“尊敬的女士”）。作为当地著名的攀岩胜地，这里拥有世界上最陡峭的山崖，游客从甲米港口乘长尾船才能够到达此地。如果你是攀岩初学者，不妨在这里一试身手。就算不会攀岩，你也可以来这里看一下攀岩高手们是如何进行这项紧张

虎窟寺

刺激的极限运动的。在海岬的西侧，也有不少适合普通游客的浮潜、潜水以及划独木舟等娱乐项目。

虎窟寺

在前往沙滩的路上，游客们一般会路过虎窟寺（免费）。你可以从Utrakit Road出发，乘坐宋条车前往参观，但最好租一辆吉普车或是摩托车。虎窟寺坐落在甲米东北部，是泰南地区最重要的林中寺庙，不少泰国人都会来这里朝拜。寺中的和尚们统一居住在由洞穴改造而成的冥思庐中。在主山洞和第一间山洞中，还有一些尼姑在制作手工镯子。在祭坛后面，有一段台阶通向一个小山洞，洞中有一个巨大的佛陀脚印。沿着寺庙陡峭的石阶向上攀爬，就会看到观世音菩萨的佛像。在爬完1 200级石阶后，你就可以站在山顶俯瞰整个海岸。此外，山顶也有一座大佛像，四周围绕着几间冥思庐和一片古树林，据说其中一棵树已有1 000多岁了。

放松一下

位于 Thanon Khong Kha 上的夜市从傍晚时分开始就热闹非凡，街边的餐厅会纷纷在室外支起桌椅，供食客们观赏河景。这里的大部分餐厅提供英文菜单，而且供应风味独特、物美价廉的地道泰国小吃。这里的冬阴功汤是一道加入了辣椒和柠檬草的明虾汤品，味道绝对正宗。

✉ 289/22 Uttarakit Road
☎ 0 7562 2163
@ www.krabi-tourism.com

小贴士

- 一般情况下，路标上的“南湾”指示的是帕南海滩（Ao Phra Nang）方向，这一点不要混淆。
- 帕南海滩地区的民宿在5月—10月会暂时关闭，因为那时候海滩边会布满海潮带来的碎石。这个时候，到莱姆帕囊海岬去游玩更为理想。
- 你可以参照甲米自驾路线来游览各个景点。
- 甲米岛上的贝壳公墓（Shell Cemetery）里布满了7 500万年前的软体动物贝壳化石。因此，岛上常会出现指向该景点的路标，许多旅行社的行程中也包含了这一地点。不过，如果你对地理不感兴趣，大概会觉得这里的景观索然无味。

3 皮皮岛 ③

皮皮岛实际上是由两座独具特色的小岛组成的。除了风景秀丽的皮皮岛主岛之外，另一座名为“小皮皮岛”（Phi Phi Ley），是一个迷你无人岛。皮皮岛主岛是著名的旅游目的地，岛上有两片高地雨林和一条狭长的海滩。皮皮村就坐落在这个海滩上，坐拥着两个美丽的海湾——达朗湾（Loh Dalum Bay）和通赛湾（Tonsai Bay）。这两个海湾边也是皮皮岛的一个民宿区域，且只能通过摆渡船才能够到达，总能够给人带来许多浪漫的遐想。

2004年12月26日，一场可怕的海啸席卷了皮皮岛，导致上千人身亡，其中不少人是岛上的游客。这场海啸摧毁了海岛两侧的许多建筑物。这片沙滩连同南北两端的高地共同组成了皮皮岛的假日核心商区，附近遍布酒吧、经济型酒店和餐厅。重建后的皮皮村很快便恢复了往日的光辉，酒吧、餐厅、民宿、度假村、潜水和攀岩用品店等相继恢复营业，岛上又呈现出一派喧哗热闹的景象。不过，这里的住宿和餐饮价格也因为海啸所带来的影响而降低了不少。

皮皮岛北部和南部高地上的许多酒店和度假村都在海啸中逃过了一劫，其服务设施也保持得相对完好。如今，岛上几乎所有的高端酒店和度假村都已经正常营业了。

要想找到岛上观景最好的位置，还要颇费一番精力。沿着皮皮村的指示路牌向山上攀爬，经过一个小小的泰国居民定居点后，再绕山两三千米便可以到达人烟稀少的Ao Lanti和Ao Loh Bakao。

安达曼海沿岸的皮皮岛

游客在皮皮岛海湾里畅游

放松一下

Chao Koh Phi Phi Lodge（53 Moo 7）内有一家颇受欢迎的酒吧——Carlito's Bar。酒吧的餐厅位于通赛海滩的中央，是一个观景的好地方。在这里，游客既可以享用到丰盛的早餐，也可以点一杯鸡尾酒或是夏敦埃酒，观赏通赛海滩的异域风情。

✉最近的游客中心位于甲米（➤P203）或普吉岛（➤P201）

小贴士

■官方网站（www.phi-phi.com）可以为游客提供最新的旅游资讯。此外，位于普吉岛或甲米岛的游客中心也可以为游客解决各种问题。

■通赛村的海滩俱乐部（Beach Club）是观赏日出和日落的最佳地点。

■要想避开通赛海滩上汹涌的人潮，不妨向东北方前进，到Phi Phi Island Village（➤P220）享受一下。你可以躺在铺满花瓣的按摩浴缸中，俯瞰远处海上美景。

4 考索国家公园 4

考索国家公园是世界上古老的生态系统保存完好的地方之一。雾气弥漫的石灰岩耸立在茂密的雨林中，清澈的溪水潺潺流过，汇聚成倾泻而下的瀑布。密林深处，经常有大象、狗熊和老虎出没。常见的野生动物还包括猴子、蜥蜴、野猪、麂子和萤火虫。雨林的华盖下，长臂猿的啼叫和蝉虫的低鸣形成了一首自然的交响曲。

游览考索国家公园最好的方法是亲自在这里漫步一番。从游客中心出发，有多条小径直通瀑布景区。你可以按照导游手册上的指示路径参观游览。沿途是粗壮的板状树根，藤条缠绕的伞棕和高耸的竹林。你可能路遇大型的哺乳动物，也可能会看到缤纷的蝴蝶、巨大的蜻蜓和充满异域风情的红毛丹果树。

国家公园中当之无愧的明星自然是大名鼎鼎的大王花。它的花朵巨大，直径可达1米，重量约为7千克，每年1月和2月开花。

公园中的大部分酒店是高架木屋，可供住客俯瞰美丽的雨林和溪流（详情请参考www.dnp.go.th）。无论是白天在吊床上消磨时光，还是在夜里秉烛夜谈，木屋都是一个不错的选择。当地的旅店可以为住客提供日间或夜晚的探险旅行以及英语流利的随行导游。此外，你也可以报名参加丰富多彩的野外活动，如大象骑行、划独木舟和漂流（仅在雨季对

考索国家公园全景

游客开放）。大力推荐两天一夜的环湖旅行，在旅途中你还可以跟随导游进行一次洞穴探险。

放松一下

公园内的所有私人旅店都提供餐饮服务。即使你没有入住这些旅店，也可以随时打电话订餐。

✉ 达瓜巴县以东 40 千米处

🕒 8:00—16:00

☎ 0 7739 5154

@ www.khaosok-nationalpark.com

¥ 200 泰铢

小贴士

通常，从素叻他尼出发前往公园的大巴车都会停在109千米路牌处，但你可以告诉司机，自己要去“考索”，司机便会将车子停在距离公园最近的地方。这样，你下车时就会看到各个旅店的接驳车了。

■ 雨季（6月—9月）的气候十分湿润。届时，山间小路会十分湿滑，水中还会出现水蛭。不过，雨季时野生动物频繁出没，极具观赏性。

■ 去往游客中心的路上有许多私营的旅店，可为游客提供导游服务。

■ 游客中心有售托姆·亨利（Thom Henley）所著的《瀑布声和猿声》（*Waterfalls and Gibbon Calls*），它配有简单的插图，便于携带，详细介绍了公园的背景，可以将其当作导引。

■ 乔兰水库旁耸立着高达960米的石灰岩山，比攀牙湾（➤P210～212）的山高3倍多。你可以参加两天一夜的旅行团，其中包含海岸水上木屋的住宿（若行程中不包含住宿，可通过游客中心预订）。清晨的湖景格外幽静美丽，犀鸟、老鹰、长臂猿和大象都会出来觅食。

5 攀牙湾 5

星罗棋布的小洲构成了攀牙湾独特的自然景观。乘坐嗡嗡作响的长尾船，穿越交错的红树林，与石灰岩和若隐若现的白沙滩擦肩而过，便可到达挂满了钟乳石的隐蔽山洞。这里的穆斯林水上渔村也是十分有趣的景点。大名鼎鼎的费康岛（Ko Phing Kan，又叫詹姆斯·邦德岛）也坐落在这片海湾中。007系列电影中的《金枪人》就是在这座岛屿上取景拍摄的。

乘长尾船旅行

游览攀牙湾国家公园，可以从攀牙镇的大巴终点站启程。莎扬旅行社（Sayan Tour）是一家成立了20多年的老牌旅行社，能够为游客提供高效热情的服务。半日游早上出发，下午返回，行程包括主岛游和洞穴探险。报名参加全日游则可游览更多的岛屿，并有在湾中畅游的机会。

五彩缤纷的长尾船从攀牙湾的港口出发，带领游客沿着绿色的水道，穿梭在高耸的红树林岸边。沿途的落山洞穴（Tahm Lod）和麻珠岛（Kao Marjoo，又称“狗岛”，因其形状而得名）都是十分有趣的景点。克安岛（Kao Khien，又称“涂鸦岛”）沿岸的岩石上，有着3 000多年前的岛上居民绘制的图样。在费康岛的小沙滩上，还有贩卖电影纪念品的精致小店。

班夷岛（Ko Panyi）

班夷岛穆斯林水上渔村两天一夜游包含半天的游览行程，以及一夜住宿和美味的海鲜大餐。渔村木屋略微简陋。

200多年前，一群航海的爪哇人来到了班夷岛，并将这里发展成了一个小小的渔村。如今，岛上居民共有2 000余人。每当夜幕降临，随着游客的离开，岛上的海鲜餐厅和纪念品商店也渐渐平静下来。漫步在细软的沙滩上，望着海面上随波起伏的渔网和迷宫般的海蟹龙虾养殖场，身后是一轮即将落下的红日。长尾渔船歪歪扭扭地停靠在临时港口上。每天，渔村里金顶绿墙的清真寺中都会按时祷告5次。

右页图：从费康岛眺望达浦岛（Ko Khao Tapu，又名“钉子岛”）

攀牙湾海滩边的传统渔船

放松一下

如果在水上渔村过夜，将有机会品尝当地的海鲜美食和地道晚餐。

✉ Sayan Tour, 209 bus terminal, phang Nga

☎ 0 7643 0348

@ www.sayantour.com

¥ 200 泰铢

小贴士

- 你可以从普吉岛出发自行游览攀牙湾，但参团旅行的费用更低，人数也不会太多。
- 在班夷岛的穆斯林水上渔村中留宿，请尊重当地居民的生活习俗，衣着不要过分暴露，不宜饮酒。
- 莎扬旅行社印制的导游手册上提供了许多有用的旅行信息和有趣的景点信息。虽然这里的导游英语水平一般，但旅行社的老板每天晚饭后都会与参团的游客交流，回答大家提出的问题。

其他好去处

蔻立的海滩度假村

蔻立、锡米兰群岛和素林岛 6

蔻立村位于一个同名的国家公园内。这里弥漫着一种慵懒的度假氛围，仿佛有一种让人将所有的烦恼都抛在脑后的魔力。你既可以乘船到国家公园海域内浮潜或潜水，也可以到附近的雨林里探险。

此外，蔻立也是前往锡米兰群岛和素林群岛的起点。这两个群岛分别由9座和5座大大小小的岛屿组成，是非常理想的潜水地点，热带鱼种类丰富。由于地理位置较为偏僻，这些岛上的住宿条件很一般，而且每逢季风季节（5月—10月）便会封岛。其他季节则建议游客参团游览。Sea Dragon Dive Centre可为游客提供蔻立三日游（0 7648 5420 @www.seadragondivecentre.com），报价包含船票、餐饮、潜水设备和住宿。

@ www.khaolak.de; www.similans.net; www.surin-island.com

适合儿童的娱乐项目

- 蔻立的竹筏和大象骑行以及皮皮岛的浮潜都是十分适合孩子的娱乐项目（@www.phuketforkids.com）。
- 普吉岛的幻多奇乐园（Fantasea，卡马拉海滩附近 0 7638 5000 18:30—23:30 @www.phuket-fantasea.com）为小朋友们精心准备了混合灯光、音效的晚间秀，传统泰式舞蹈表演和自助美食。
- 普吉岛蝴蝶花园与水族馆（Phuket Butterfly Garden and Insect World 71/6 Soi Paneung, Yaowarat Road 076210861 @www.phuketbutterfly.com 9:00—17:00）内可以观赏到种类繁多的蝴蝶和礁鱼。
- 在攀牙湾乘船旅行是十分受小朋友欢迎的项目。

佳木岛 7

佳木岛的海岸边有一片野生的红树林，附近还有一些腰果树种植园。这里远离繁华的普吉岛旅游景区，是一个十分适合垂钓的宁静小岛。佳木岛北部丛林密布，其中有几家木屋民宿，游客可从甲米岛或阁兰达岛乘船到达附近海域，再转搭民宿的长尾船上岸。

@ www.kohjumonline.com；
www.kohjum.net

阁兰达岛 8

阁兰达岛也是一片宁静的世外桃源，它是兰塔群岛52个岛屿中最大的一个。如果你报团游甲米（➤P203～205），也可以顺路自驾前往阁兰达岛一游（距离甲米岛约100千米）。甲米岛到阁兰达岛有两条渡轮路线。你也可以自行驾车经路桥上岛。岛上的港口建在一个水上村庄旁，村中设有各种游客服务设施和数家茅草木屋餐厅。

阁兰达岛的南部分布着橡胶树种植场、养虾场和绿油油的稻田。这里不是旅游区，人迹罕至，偶尔会有水牛悠闲地散步。

在季风来临的时节，阁兰达岛上一片荒凉。沙滩上空无一人，只有阵阵疾风扫过，海滨的民宿也纷纷歇业或是降价迎客。

✉ Krabi
☎ 0 7562 2163

董里 9

董里府首府董里曾是这一地区海洋贸易和船舶业的中心，被称为“海浪之城”。如今，这里的经济支柱产业已经变成了橡胶种植业，其中华裔商人可以说是功不可没。

董里的饮食文化也是多种族交融的结果，四处可见热闹非凡的中式面馆、穆斯林咖喱店、传统西式咖啡厅等。每年10月，这里还会举办盛大的素食美食节。

董里小岛密布，岛上水清沙白，石灰岩耸立。其中，长达5千米的Hat Jao Mai隶属于同名的国家公园。而距离岸边不远的几个小岛——嗨岛（Ko Hai）、姆克岛（Ko Muk）和克雷登岛（Ko Kradan）都拥有风景宜人的海滨浴场，也是绝佳的浮潜地点。蜿蜒的帕克蒙海滩（Hat Pak Meng）拥有

文化关联性

安达曼海沿岸地区曾是中国、泰国、印度和马来西亚的贸易中心。多国文化在这里汇集沉淀，形成了一道独特的风景线。这里不仅有穆斯林风格的尖塔清真寺，也有中式风格的木屋商铺。当地的美食也汇聚了中式、马来式和印度式的风味。城市中聚居着许多华裔商人，而泰国人则居住在偏远的山村里。在南部边缘地域，当地人的方言中也融合了马来语和印尼语。当然，穆斯林文化的影响也随处可见。在“海洋吉普赛人”生活的渔村中，虽然旅游业的发展催生了许多现代化设施，但是当地居民仍保持着传统的潜水劳作方式，亲自下海用手工器具捕鱼，采集珍珠、贝壳。与其他泰国人的长相不同，这些来自印尼的“海洋吉普赛人”肤色更深，发色偏红，并且保留着自己的方言。

一个十分适宜漫步的海港，附近还分布着几处石灰岩洞穴。

阁德鲁道岛 10

阁德鲁道岛国家海洋公园是泰国保存完好的原生态地区之一。公园由51个小岛组成，其中大部分都是无人岛，覆盖着保存完好的原始雨林，分布着无数的珊瑚礁。这里有天然的海滨浴场、神秘的石灰岩洞穴和长满红树林的海岸线，风景绝美。这里栖息着上百种鸟类，包括白尾海雕、岩鹭、犀鸟和翠鸟。郁郁葱葱的雨林也是野猪、猿猴与郁乌叶猴的家园，松软的沙滩则是4种珍稀海龟的产卵地。

海洋公园附近的海域中，海豚、鲸和无数种热带鱼在欢快地畅游。海洋公园的住宿区主要集中在阁德鲁道岛、阁阿当岛（Ko Adang）和丽贝岛（Ko Lipe）。由于海洋季风的影响，海洋公园只在每年的11月至次年的4月间对游客开放，5月—10月期间关闭，届时几乎所有的船只都停运（具体开放日期以游客中心的通知为准）。

✉ Ferriesfrom Pak Bara

☏ 0 7478 1285

¥ 400 泰铢

特列班国家公园 11

这座公园位于马来西亚和泰国交界处。这座国家级的雨林公园是包括靴雕在内的许多珍稀飞禽的栖息地，也是蜜熊和云豹等野生动物的家园。公园内有数条游览线路可供游客选择（可在公园总部预订参团）。一路上，你可以穿过绿油油的山谷到达百合盛开的湖边，也可以在瀑布下畅游一番，然后登上高耸的石灰岩山顶俯瞰公园的全景。

每逢季风来临，这里降雨丰沛，因此最佳的游览季节在每年的12月到次年的3月间。

✉ 沙敦东北40千米，合艾南90千米处，特列班国家公园总部

☏ 08 3533 1710

阁兰达岛悬崖边一棵姿态独特的树

徒步旅行和自驾游

甲米自驾游

甲米的很多观光景点很难乘坐公共交通工具到达。不过，可以从河畔的甲米镇出发，来一次舒适惬意的自驾游。途中会经过险峻的石灰岩山区、林中寺庙虎窟寺和路边的卧佛雕像。沿途还会路过不少风景如画的海滩，你可以下车乘船游览。

全程： 80千米
游览时间： 半天
起/终点： 甲米镇

1—2

离开甲米镇，沿411号高速公路向北沿河行驶。继续行驶4.5千米，看到指向董里的路标后右转，几千米后，会看到在右手边有一片石灰岩山区。之后左转，沿着指向虎窟寺（➤P205）的路标前进。路中央的灯柱上装饰着跳舞的大象。如果天气晴朗，你会看到前方山顶上的一座寺庙。

时间充裕的话，从主洞穴出发，沿着山后的石阶从"佛祖脚印"处拾级而上，尽情游览一下虎窟寺。

如果精力充沛，还可以花个把小时继续攀爬，去看一看山顶另一侧的美景。也可以去探访一下掩映在古林中的冥思庐。

虎窟寺内的僧侣

2—3

返回主路，向右转，继续行进到下一个十字路口，左转进入4200号公路。大约20千米后，在诺帕拉塔拉海滩路标处的红绿灯右转，记得不要错过路边赛泰寺（Wat Sai Thai）的卧佛。

3—4

沿着诺帕拉塔拉海滩的标识前进，左转后进入4202号公路，会路过一个名为Ban Chong Phi的穆斯林村庄。路边不时会有卖椰子的妇女，还有一座塔楼状的清真寺。沿着这条路一直开下去，便会到达诺帕拉塔拉海滩（➤P204）。海滩长约2.5千米，十分幽静，岸边遍植松树，有一条运河直通入海。踩着松软的沙滩悠闲地散步，走累了便在树下的野餐桌边小憩一下。偶尔，还会有船夫上前搭讪，邀请你随船去鸡岛或波达岛浮潜。

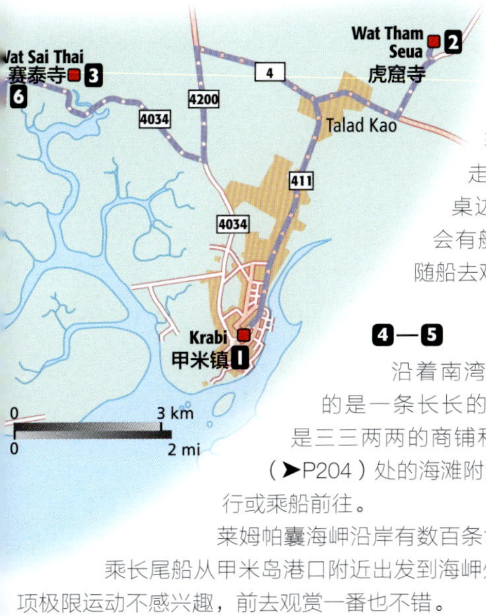

4—5

沿着南湾的海岸线向内陆延伸的是一条长长的公路，沿路的沙滩旁是三三两两的商铺和餐厅。莱姆帕囊海岬（➤P204）处的海滩附近没有公路，你可以步行或乘船前往。

莱姆帕囊海岬沿岸有数百条世界级的攀岩路径，可乘长尾船从甲米岛港口附近出发到海岬处去攀岩。如果你对这项极限运动不感兴趣，前去观赏一番也不错。

同时，附近的岛屿上也会有各种水上娱乐项目可供游客选择，其中包括红树林独木舟、浮潜和潜水等。

5—6

沿4203号公路回到甲米岛，进入4204号公路，之后右转进入4034号公路。

放松一下

沿着南湾公路行驶，直至公路向内陆转弯的拐点处停下。沿着泥泞的小径前进，就会看到一家简单的海滩餐厅，里面供应传统泰式美食、西式料理和海鲜晚餐。

宿食购娱

住宿

双人房预计消费：
2 000泰铢以下 ฿　2 000泰铢~5 000泰铢 ฿฿　5 000泰铢以上 ฿฿฿

考索国家公园

Khao Sok Rainforest Park ฿

度假村是考索国家公园附近最佳的一个住宿点。这里不仅有优美的生态环境，而且还组织各种有趣的探险活动。客房除木屋和树屋之外，还有水上房屋可供选择。无论是哪种客房，你都能体会到在猿声中醒过来的奇妙感觉。

✉ 122 Moo 6，Klong Sok
☎ 0 7739 5135
@ www.krabidir.com/khaosokrainforest

Khao Sok Las Orquideas Resort ฿

树屋完全建筑在大树上面，丛林气息浓郁。里面有独立的房间，房间舒适，环境优美。酒店拥有现代化的装潢，设有私人阳台和迷你吧。餐厅提供早餐，也供应多种本地和欧洲菜肴。酒店的旅游咨询台可安排旅游和观光活动。

✉ 343 Moo 6，Khao Sok. A. Phanom
☎ 0 7739 5009
@ www.khao-sok-resort.com

Khao Sok Morning Mist Resort ฿

酒店距离科隆索河仅几步之遥，距离考索国家公园有几分钟的步行路程，距离素叻他尼机场和市中心有1.5小时的车程。酒店提供设有私人阳台的舒适洋房和便利餐厅。客人可在餐厅享用各种泰国和欧洲菜肴。

✉ 53/3 Moo 6，T. Klong Sok
☎ 08 9971 8794
@ www.khaosokmorningmistresort.com

甲米岛

Cha Wan Resort ฿~฿฿

这家度假酒店只有为数不多的宽敞干净且能观赏游泳池和开满荷花的花园美景的客房。与10分钟车程的南湾附近的酒店相比，它胜在精致小巧。所有套房都经过精心设计，并配备空调、浴缸和无线网络。每天

早上，坐在阳台上，享受着美味的早餐，你一定会被这平静的度假氛围所感染。

159 Moo 3，Ao Nang，Amphur Muang Krabi

0 7566 1231

www.chawanresort.com

Krabi City Seaview Hotel ฿

这座现代化风格的海景酒店坐落在一条小河边，距离市中心和港口不远。这里的客房物美价廉。餐厅位于酒店的顶层，并附有一个小露台，供喜欢在室外用餐的客人享受惬意的早餐时光。如果你需要在甲米岛短暂停留，这里绝对是个不错的住所。除此之外，你还可以在酒店的前台报名参加各种旅行团活动。

77/1 Thanon Kong Kha

0 7562 2885-8

www.krabicityseaviewhotel.com

Maritime Park & Spa Resort ฿฿

坐落在幽静的甲米河旁，这家热带花园风格的度假酒店风景绝佳，住客可以观赏远处的石灰岩顶峰。与当地的其他酒店不同，这里的装饰风格自然清新，还为住客提供各种娱乐项目。你可以乘长尾船深入红树林探险，也可以跳入清澈的海水中潜水。所有的客房均可以俯瞰美丽的森林湖景，并配备了卫星电视、迷你酒吧和空调设备。此外，酒店内的娱乐设施还包括游泳池、慢跑跑道、自行车道和一个漂浮着独木舟的小湖。

1 Tungfah Road，Muang Krabi

0 7562 0028

www.maritimeparkandspa.com

Rayavadee ฿฿฿

这家处于一片石灰岩悬崖中的酒店有一种与世隔绝的神秘美感。住客出入酒店必须乘船或步行绕过两条蜿蜒曲折的步道。酒店拥有上百间奢华的客房，都掩映在郁郁葱葱的椰子林中。酒店设备齐全，拥有DVD和CD图书馆，还有温泉水疗室和风景独好的大型游泳池。酒店供应的食物也非常诱人，除了主餐厅外，你还可以选择在滨海餐厅享用正宗的泰餐、地中海美食、烧烤和鸡尾酒。

214 Moo 2，Tumbon Ao-Nang

0 7562 0740-3

www.rayavadee.com

Baan To Guesthouse ฿

这家旅馆地理位置优越，四周被绿树环绕，并设有餐厅以及带阳台的客房。餐厅供应泰国当地特色菜肴以及欧洲菜式。

22/12 Chaofa Rd. T. Paknam Muang

0 7561 2950

www.bantoguesthouse.com

皮皮岛

Phi Phi Resort ฿฿~฿฿฿

这座度假村距离通赛湾海滩和主

港口不远，是乘船出行或出海潜水的最佳停留地点。所有的客房都面向海湾。度假村还配备了一个迷你泳池。酒店附近的夜生活十分丰富多彩。

✉ Moo 7，T. Ao Nang A. Muang
☎ 0 7560 1022
@ www.pphotelgroup.com

Phi Phi Island Cabana ฿฿฿

游船驶近皮皮岛海港时，就可以看到这家酒店。酒店坐落在岛上著名的两个海滩——通赛湾海滩和达朗湾海滩中间。在一片充满热带雨林风情的花园中，住客可以透过宽敞的木屋窗户眺望远处碧蓝的大海，尽情享受宁静的假期。酒店还专门为住客提供了配备空调的客房、夜店、台球厅和游泳池。

✉ 58 Moo 7，Tambol Ao-Nang，Amphur Muang
☎ 0 7560 1170-7
@ www.phiphi-cabana.com

Phi Phi Island Village ฿฿฿

皮皮岛小村是一个私密性极好的度假村。客房分为私人别墅（每一栋别墅内都有一个按摩浴缸）和海滨木屋两种。除了常见的泳池、网球场和温泉浴场之外，度假村还有专门的潜水中心。这里早餐丰富多样，晚餐以海鲜为主。唯美的白沙滩就在距离度假村 1 千米的地方，十分适合漫步、游泳和浮潜。不过，度假村距离镇中心约有一个小时的路程（或船程）。因此，如果你想要远离繁华喧闹的都市生活，慵懒地躺在泳池边戏水，这里绝对是你最佳的选择。

✉ Ao Loh Bakao
☎ 0 7562 8900
@ www.ppisland.com

Zeavola Hotel ฿฿฿

位于皮皮岛北端，距离普吉市大约 48 千米。距离海滩很近，走路 2 分钟便可到达。这里可以让你逃离喧嚣的人群，享受安静的海岛假期。酒店十分原生态，园景房的木屋设计是一半开放一半封闭的。坐拥得天独厚的自然环境，别具特色。

✉ 11 Moo 8 Laew Tong，Ao Nang
☎ 0 7562 7000
@ www.zeavola.com

普吉岛

Diamond Cliff Resort ฿฿฿

酒店坐落在芭东海滩北端，位于一处僻静的山前空地上。这里所有的客房以及温泉浴场都面向芭东海滩，可以眺望远处碧波荡漾的海面。酒店内设有两家餐厅，可为住客提供泰餐和瑞典美食。除此之外，温泉浴场内还有运动按摩的服务。酒店的特色活动包括泰式料理课程、果雕课程、免费的网球课程和迷你高尔夫课程。

284 Prabaramee Road，Patong Beach

0 7634 0501-6

www.diamondcliff.com

Dusit Thani Laguna Phuket ฿฿฿

这是一家餐饮服务优质、健身设施齐全的酒店。所有客房均由当地木材建造，并用仿古木雕和瓷器装饰，且有海景阳台或湖景露台。酒店的泳池内有戏水滑梯，碧绿的网球场和温泉浴场也随时向住客开放。你还可以报名参加这里的泰国料理课程。

390 Thanon Sri Sunthorn，Thalang

0 7636 2999

www.dusit.com

Marina Phuket ฿฿฿

该酒店拥有一系列泰式风格的小屋，花园中遍植椰子树、蕨类植物和美艳的蝴蝶兰，衬托出了酒店轻松的度假氛围。所有客房均装饰有传统的泰式手工艺品，也都有观景阳台，可供住客观赏海景或雨林美景。泳池和著名的餐厅是酒店的特色之一。

47 Thanon Karon，Ao Karon

0 7633 0625

www.marinaphuket.com

Ramada Resort ฿฿฿

度假村坐落于卡伦湾最著名的商业街区，附近的夜生活热闹非凡。所有客房均配备卫星电视、迷你酒吧和家庭影院。这里的儿童娱乐设施齐全，受到了不少家长的欢迎，其中包括带滑梯的儿童游泳池和儿童游乐场。酒店还有一个健身中心以及两个大型游泳池。此外，这里餐厅中的地道泰南美食也十分值得一尝。

568 Thanon Patak，Ao Karon

0 7639 6666

www.ramadaphuket.com

The Royal Phuket Yacht Club ฿฿฿

游艇俱乐部酒店拥有奢华的泳池，是观赏日落的绝佳地点。每年12月初，普吉岛都会举办国王杯赛艇会。届时，酒店外的海港内会停满各式各样的游艇。酒店的北侧最适合欣赏海湾优美的风光。这里的客房都有观景平台，并配备高档的音响系统、迷你酒吧和家庭影院。此外，酒店有健身中心、网球场和温泉浴场，还组织海上帆船活动。

23/3 Thanon Viset，Ao Nai Harn

0 7638 0200

www.theroyalphuketyachtclub.com

Villa Atchara ฿฿

这里价格亲民，为住客提供各种房型的干净客房。所有客房均可以俯瞰泳池。此外，这里的餐厅也供应各种美食。

4 Soi Prabarami 4，Patong

0 7634 0700

www.villaatcharapatong.com

美食

每餐人均3道菜的价格（不包括酒水和服务费）：
300泰铢以下 ฿　300泰铢~600泰铢 ฿฿　600泰铢以上 ฿฿฿

甲米岛

Reuan Mai ฿~฿฿

这家充满活力的传统泰式花园餐厅最拿手的是中南部的菜肴。餐厅位于甲米镇北部1.5千米处。特别推荐这里分量足又美味的海鲜料理。

✉ 104/1 Thanon Maharat
☎ 0 7563 1796/7
🕘 10:00—24:00

Tamarind Tree ฿

酸角树餐厅隶属于甲米岛当地的一家民宿（KR Mansion），这里也是当地的一个游客信息服务中心。餐厅供应的菜品以泰式料理和西式料理为主。推荐菜包括营养的蔬菜沙拉和使用有机原料烹饪的“长寿菜”。餐厅还有一家屋顶酒吧，可供食客们欣赏夜晚的山景。

✉ KR Mansion，Thanon Chao Fa
☎ 0 7561 2761
🕘 7:00—22:00

Viva ฿~฿฿

这是一家意大利人经营的意式餐厅，为食客供应手工制作的意大利脆皮面包——夏巴塔（Ciabatta）、40多种地道的西西里比萨以及新鲜的菠菜意大利面。配餐的意大利奶酪也都是意大利原装进口的。餐厅的家具全部都用竹子制成，室内外均设有用餐区域。

✉ Thanon 29 Pruksa Uthit
☎ 0 7563 0517
🕘 10:00—23:00

Gecko Cabane ฿

餐厅有个户外小院，被装点成一个小花园，用餐氛围非常好。料理的味道也广受好评，到这里，一定要尝尝马沙文咖喱和大虾。

✉ 1/36-37 Soi Ruamjit，Maharat Road
☎ 08 1958 5945
🕘 7:30—23:30

皮皮岛

Lemongrass ฿~฿฿

这家餐厅位于通赛湾海港附近，主人兼主厨维特先生已经在皮皮岛上从事美食行业长达20年了。这里的主打菜是原汁原味的泰国咖喱和新鲜的海鲜料理。虽然餐厅的装饰很普通，但是食物和服务绝对是一流的。

✉ Ao Ton Sai
☎ 08 9287 1279
🕘 11:00—23:00

Pad Thai Restaurant ฿~฿฿

这是一家非常低调但十分美味的泰式餐厅，位于皮皮岛小村度假村，自助餐的价格非常低廉。在这里，你可以在品尝餐前鸡尾酒的同时，观看厨师现场烹饪各式泰国料理的全过程。

✉ Ao Loh Bakao
☎ 08 4846 3921
🕘 15:00—22:00

普吉岛

Ka Jok See ฿฿

这家餐厅位于普吉镇中心一个19世纪中葡风格的商铺中，专门供应传统普吉岛美食。餐厅四处摆放着各式古董，使得室内充满了复古的浪漫氛围。推荐菜品为绿芒果海鲜慕斯沙拉。

26 Thanon Takua Pa，Phuket Town

0 7621 7903

18:30—24:00

Baan Rim Pa Restaurant ฿฿฿

这家餐厅曾被多家杂志评为最佳泰国餐厅。餐厅整体面积并不大，位于芭东海滩大约10米高的悬崖上面，直面大海。它没有窗，也没有落地玻璃，就是用木结构搭建起来的，建筑风格别致，开阔的视野让你在用餐的同时能看到窗外的海滩。这里的菜式采用泰国皇室的烹饪方法烹制而成，味道正宗。一定要提前预订靠窗的位置，可以观赏落日照在海面上的美景。

223 Prabaramee Road，Patong Beach

0 7634 0789

www.baanrimpa.com

Kampong Kata Hill ฿฿

舒缓的音乐，闪烁的烛光，精美的柚木饰品和佛像，如此的环境让这家餐厅看上去颇有几分寺庙的清幽，又不失浪漫的氛围。不过，这里的美食可是不容小觑的，尤其是令人垂涎欲滴的海鲜料理。餐厅坐落在山间，要想享用这里的美食，还要先爬山热身才行（餐厅的入口位于山两侧）。

4 Karon Road (or Taina Road)，Kata

0 7633 0103

17:00—23:00

Mom Tri's Boathouse ฿฿฿

从餐厅的观景露台，可以俯瞰卡塔湾美景，这也使得这家餐厅在当地极负盛名。这里的菜品包括传统泰菜和欧式料理。此外，这里也以丰富的藏酒而知名，酒窖中共有350多种不同品牌的红酒。餐厅还会邀请乐队在沙滩上为食客们演奏助兴。同时，船坞餐厅也有部分客房可供租用。

Boathouse Inn，12 Kata Road，Ao Kata

0 7633 3569

18:30—23:00

www.momtriphuket.com

Old Siam ฿฿~฿฿฿

在这里，既可以坐在充满复古风情的老柚木屋里用餐，也可以在屋顶的露台上眺望海景和落日。这里的菜品主要以泰国中部的料理为主。餐厅的娱乐活动包含每周三和周日的泰国舞蹈表演，以及每天晚上的泰国音乐表演。

Karon Beach Road，Thavorn Palm Beach Hotel

0 7639 6090

12:00—22:30

www.thavornpalmbeach.com

Sala Thai ฿฿฿

餐厅有两家分店，主店主体建筑属于泰式风格，可以俯瞰泳池，眺望雨林美景。晚上，伴随着曼妙的泰国歌舞，正宗的泰式晚餐似乎也显得更加诱人。位于山岩上的分店则以海鲜料理和泰南菜肴著称，餐厅位置优越，可以俯瞰卡伦湾的美景。

47 Thanon Karon，Ao Karon

0 7633 0625

www.marinaphuket.com

Thai Naan ฿฿

这是泰国南部地区最大的知名传统柚木屋餐厅，午间自助餐为食客们提供了种类繁多的泰国菜品以及20多种点心。若是想品尝泰国皇室料理和普吉岛的地道美食，可以选择"思威恰套餐"（Srivichai set dinner）。餐厅每晚还会为用餐的客人们献上精彩的文艺表演。

16 Thanon Vichitsongkram，Phuket Town

0 7622 6164/7

10:00—16:00，17:30—23:00

购物

古董与手工艺品

普吉岛上贩卖古董与手工艺品的商铺大部分集中在耀华力路（Yaowarat）、他朗路（Thalang）和Ratsada。Ban Boran Textiles（✉ 51 Thanon Yaowarat ☎ 0 7621 1563）的商品以精美的东南亚面料为主，可制成各式服装。吉姆·汤普森丝绸公司（Jim Thompson Silk Company，@ www.jimthompson.com）在普吉岛上共开设了6家零售店，其中一家位于Central Festival购物中心（✉ 74—75 Moo 5 Vichitsongkram Road，Phuket Town ☎ 0 7629 1111 @ www.centralfestivalphuket.com）。

想要购买艺术品或古董，可以去陈氏古董店（Chan's Antique House ✉ 99/42 Moo 5，Chalermprakiat Road ☎ 0 7626 1416 @ www.chansantique.com）去逛一逛。位于普吉镇外的Touch Wood古董家具店（✉ Chao Fa Nok Road ☎ 0 7626 3117）出售各种泰国殖民时期风格的古董。素林广场上也有不少售卖古董的商铺（Surin Plaza ✉ 5/50 Moo 3 Cherng Thalay）。

位于芭东海滩旁的Baanboonpitak（✉ 30 Thanon Prachanukhro，Patong Beach ☎ 0 7634 1789）内出售泰式、缅式传统家具。在泰国艺术馆（Siam Arts ✉ 382/5，Thanon Srisoonthorn，Cherng Talay，Thalang ☎ 0 7632 5207）则可以买到精致的柚木家具、木雕和古玩。

珍珠

普吉岛是出产高档珍珠的地方。在Pearl Centre（✉ 83 Thanon Tanong，Soi Phutorn，Phuket Town ☎ 0 7621 1707），可以购买你想象不到的珍珠。

娱乐

丰富的夜生活

皮皮岛

位于通赛湾海滩边的Carlito's Bar（@ www.carlitosbar.net）是皮皮岛上很受欢迎的夜生活场所。由于客人络绎不绝，这里也逐渐演变成了一个非官方的游客中心。此外，位于通赛湾海滩外围的Apache也能够为你的夜生活带来不少乐趣。

普吉岛

班古拉街（Bangla Road）上，有两家知名的夜店酒吧——The Factory Bar（@ www.factorybarphuket.com）以及迪斯科风格的Seduction Beach Club（@ www.seductiondiscotheque.com）。这两家夜店酒吧都邀请了著名的DJ坐镇，十分适合开办主题派对。位于芭东海滩上的Simon Cabaret剧场内每晚18:00、19:45、21:30都会上演两场精彩纷呈的人妖表演（✉ 8 Sirirach Road，Patong Beach ☎ 0 7634 2011 @ www.phuketsimoncabaret.com）。

户外运动

甲米岛沿岸陡峭的石灰崖是顶级攀岩圣地。如果对这项极限运动很感兴趣，不妨邀请一位专业的教练来做指导。

攀牙湾是皮划艇运动的理想之地。划一叶皮艇，无论是穿过狭窄的岩石缝隙，还是躲避低矮的洞壁，都会给你带来无限的乐趣。

普吉岛是深海垂钓运动的理想地点。你可以租上一艘捕鱼船或是小舟，到深海区域去碰一碰运气。说不定那里的青枪鱼、海鲈鱼、梭子鱼、国王鲭和黄鳍金枪鱼就会是你的囊中之物了！

附录

出行实用信息

出发安排

行前须知

护照

我国居民出国旅游，需要申请办理护照。

1. 申请普通护照，应当由本人向其户籍所在地县级以上地方人民政府公安机关出入境管理机构提出。
2. 需提交近期两寸免冠彩色照片一张以及填写完整的《中国公民因私出国（境）申请表》、居民身份证和户口簿及复印件等相关材料。
3. 在居民身份证领取、换领、补领期间，可以提交临时居民身份证。
4. 未满16周岁的居民携带本人户口簿、其监护人居民身份证原件以及能证明监护关系材料的原件（如户口簿、出生证等），并由其监护人陪同前往办理。
5. 护照申请及领取时间一般为10个~15个工作日，收费标准200元/本。

泰国要求护照有效期必须在6个月以上，否则将被拒绝入境，出行前最好确认一下护照的有效期。

旅游签证所需材料

（一）护照：1. 有效期至少半年以上。2. 护照至少有两页供使用的签证空白页。

（二）照片：1. 两张大一寸白底或蓝底近照。2. 照片尺寸35厘米×45厘米（护照照片大小）。

（三）身份证：申请人身份证复印件正反面需要复印在同一张A4纸上。

落地签证

根据泰国内政部最新公告，持有中国大陆护照的公民可在泰国各个入境处申请有效期为15天的赴泰落地签证。

落地签证所需材料：（1）有效期不少于6个月的护照。（2）一张两寸白底免冠照。（3）随身携带10 000泰铢（个人）、20 000泰铢（家庭）现金或等值外币（泰国移民局将随机抽查）。（4）不超过15天往返机票（电子票打印版）。

持落地签证者除疾病等特殊原因外，不可申请延期。

延期申请可前往泰国出入境管理局（✉Immigration Division 1，57 Soi Suan Plu，South Sathorn Road，Bangkok ☎0 2287-3127或0 287-3101-10转分机2264-5 @www.immigration.go.th/nov2004/en/base.php）。

申请时需提供护照复印件、证件照，缴纳延期费，可以延期30天。若签证过期，则需缴纳逾期罚款并被遣送回国。一般的罚款金额为每天500泰铢，上限为20 000泰铢，可以在机场或移民部门缴付罚款。具体事宜可咨询泰国驻华大使馆和领事馆。

如果所在城市没有泰国领事馆，可以通过旅行社代办，只需提供照片和护照，代办费用从30元到100元不等。若想在签证到期之后继续留在泰国，可以提前到泰国的移民部门申请延期签证，费用在1 900泰铢左右。

泰国国家旅游局北京办事处

✉北京市东城区东长安街1号东方广场E1办公楼902

☎010 8518 3526

@www.tatbjs.org.cn

泰国国家旅游局上海办事处

✉上海市黄浦区南京西路288号创兴金融中心27层2703室

☎021 3366 3409

@www.tatshanghai.cn

出行时间

旅游旺季　旅游淡季

1月	2月	3月	4月	5月	6月	7月	8月	9月	10月	11月	12月
26℃	28℃	29℃	30℃	30℃	29℃	29℃	28℃	28℃	28℃	27℃	26℃
79℉	82℉	84℉	86℉	86℉	84℉	84℉	82℉	82℉	82℉	81℉	79℉

晴天　晴转阵雨　梅雨　多云

上述气温为曼谷和泰国中部地区每个月的平均日最高气温。泰国有3个季节：6月—10月为雨季，11月至次年2月为凉季，3月—5月为热季。

泰国气候十分温暖，但北部地区夜晚的气温可能相对较低，而在4月—5月间则会变得非常炎热。泰国北部、东北部和中部地区是季风频发的地带。2011年的季风曾经引发了大范围的水灾。

泰国的旅游旺季是每年的7月—8月，11月至次年2月。这段时期内，泰国气候宜人，但物价相应会提高，住宿困难，交通拥挤。旅游淡季是3月—6月，9月—10月。幸运的话，季风季节也是不错的旅游时间。这时气候温和，住宿或交通都比较容易预订，而且周围游客也很少。

时间

L 泰国采用东七区的区时，中国采用东八区的北京时间，因而泰国时间比中国时间晚1小时。

如何前往

飞机是前往泰国最好的方式，可以直接乘机到达首都曼谷。游客可以上网搜索各家航空公司和旅行社的报价，然后进行比价。北京、上海、广州、深圳、香港、澳门等都有直飞泰国的班机，到达曼谷、清迈、普吉岛、苏梅岛等地。若要去其他目的地，可在曼谷转机。机票的预订和购买可以在各个航空公司的办事处、旅行社、官网办理。淡、旺季时期机票价格差别较大，有些热门航线的机票可能会紧张，最好提前预订。

中国国际航空 www.airchina.com.cn
亚洲航空 www.airasia.com
南方航空 www.csair.com
东方航空 www.ceair.com

泰国国家旅游局成都办事处

四川省成都市人民南路2段1号仁恒置地广场写字楼 14楼1404室

028 6465 6299

www.tourismthailand-chengdu.org

泰国国家旅游局昆明办事处

云南省昆明市三市街6号柏联广场写字楼1301室

0871 6317 8840

www.tatkm.org.cn

附录

货币与外汇

泰国的主货币单位是泰铢（baht），辅货币单位是萨当（satang）。1泰铢折合100萨当。

泰国的纸币分为20泰铢（绿色）、50泰铢（蓝色）、100泰铢（红色）、500泰铢（紫色）和1 000泰铢（褐色）。纸币面额越大，尺寸越大。硬币面额小的主要有25萨当和50萨当（由于面值小而很少用到，很多店家在定价时都会向上舍入到最接近的泰珠），面额大的有1泰铢、2泰铢、5泰铢和10泰铢。

外汇汇率会上下浮动，建议游客时常关注汇率的变化。相对于现金来讲，携带旅行支票更加安全，但请注意随时记录支票号、收据正本和发行银行的联系方式，以防支票丢失或被窃。泰国的自动柜员机都可以24小时随时提款。出发前，请先确认自己的银行卡可用于海外取现。如果通过泰国银行的自动柜员机提取现金，每笔要收取一定的手续费。

大部分信用卡在泰国都可以使用，游客也可以在一些主要银行的营业网点内预支现金。不过，一些海岛和小镇中的餐厅、民宿或商铺只接受现金。

目的地须知

营业时间

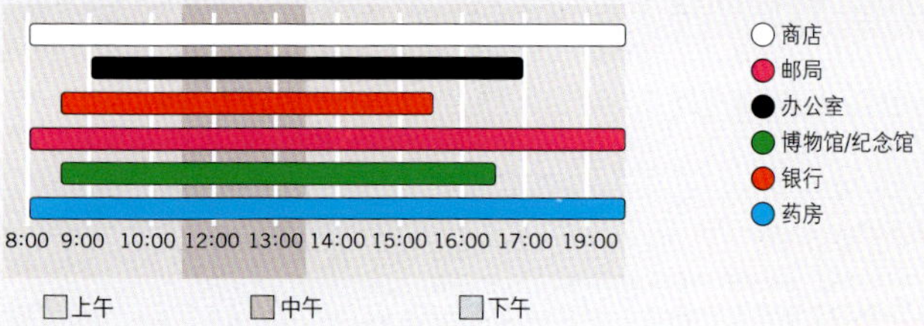

商铺

8:00—20:00，某些旅游区内的商铺周末会营业到深夜

百货商场

10:00—21:00

银行

周一—周五 8:30—15:30

邮局

周一—周五 8:00—20:00，周六—周日 8:00—13:00

国家博物馆

8:30—16:30

药店

8:00—21:00，位于曼谷考山路和苏库姆尔路的药房关门的时间会稍晚

旅游警察局电话：1155　清迈警察局电话：0 5324 7318

普吉岛警察局电话：0 7622 3891　苏梅岛警察局电话：0 7742 1281

救护车电话：191　火警电话：199

节假日

1月1日	新年	5月	春耕节、佛诞节（Visakha Puja）
2月	万佛节（Magha Puja，佛祖向1 250名僧侣宣讲教义的节日）	7月	守夏节（Asanha Puja，佛陀成道后向信徒布道之日）
4月6日	查库里王朝纪念日	8月12日	母亲节（现任王后的生日）
4月	宋干节（Songkran，泰历新年）	12月5日	父亲节（现任国王的生日）
5月5日	泰王登基纪念日	12月10日	宪法纪念日

商铺、旅游局和游客服务中心在上述节假日时仍然对外开放

电源

泰国的电压是220伏，频率为50赫兹。常见的电源插座为双圆孔插座，也有双片插口插孔。在各电器商店中都可以买到电源适配器或电压转换器。

ATM机取款

大部分泰国的自动柜员机支持银联卡提款，可以直接从银行卡账户里提取现金，收取最高150泰铢的外汇交易费以及银联卡所属银行收取的网络外费用，费用高低不等，部分银行有免手续费的优惠政策。

信用卡、借记卡消费

在泰国部分酒店、商店和餐厅可以使用信用卡及借记卡消费，其中应用最广泛的要数Visa卡和Master Card了。在其他场所，商家可能会接受信用卡，但可能会额外收取手续费。刷卡的汇率一般和使用ATM取款的汇率相同。请注意，有些银行对海外消费增收一定的费用。

小费

某些酒店和餐厅会额外收取服务费。在小型餐厅用餐时不用给小费。在高档餐厅用餐时，如果对服务满意，可以多付餐费的10%作为小费。对导游、搬运工、按摩师、理发师、酒店门房和出租车司机，一般需要多付20泰铢作为小费。泰国没有自助加油站，游客可以给加油站服务人员5泰铢~10泰铢小费。此外，每日可以在房间内留20泰铢作为给酒店或民宿清洁人员的小费。

谨防被骗

曼谷机场附近常会有黑车司机招揽客人，游客不要被蒙骗。在大皇宫等游客集中的地点，也常有无照导游向游客提供错误的旅行信息或高价的游览项目。对那些购买珠宝或扑克牌游戏的邀约，游客需格外谨慎。

中国驻泰国大使馆

57 Ratchadaphisek Road, Bangkok

0 2245 0088

www.chinaembassy.or.th

签证处（Visa Section）

55 AA Building 2nd fl. Ratchadaphisek Soi3, Bangkok

0 2247 8344/51

周一—周五：9:00—12:00，15:00—16:00

附录

通信方式

如果要从泰国向中国国内邮寄信件，可以在信封上标注“China”字样，收信人姓名及地址用中文书写即可。信件一般需要一周左右才能到达。在邮局和书店都可买到邮票，邮费根据邮件重量递增。

如果需要向中国国内邮寄包裹，可根据包裹具体情形选择不同的邮寄方式。海运包裹需时一个月左右，空运包裹一周左右。

除邮局之外，一般的商铺和酒店都有邮票出售。不过酒店会加收一部分转寄手续费。大部分酒店都提供代为邮寄信件或包裹的服务。

你可以在黑色和黄色的公共电话亭内拨打国际长途电话，不过网吧的电话资费更低，而且不需要投币。在公用电话亭拨打国际长途，请先投入一个10泰铢硬币，同时多准备一些零钱以备延长通话时间。需要拨打泰国国内电话时，则可使用任何一个公共电话亭，资费为每分钟5泰铢。泰国没有地方区号，全国的座机电话是首位为0的9位数字，手机号码为首位是08的10位数字。如果你是从国外致电泰国境内，可以省去电话号码首位的“0”；如果你是在泰国境内拨打电话，则需要加上电话号码首位的“0”。一些文具店或便利店还贩售电话卡。查号请拨1133，会有说英语的接线员为你服务。泰国的国际电话区号为66。拨打国际长途电话请先拨00，再拨该国区号。

另外，中国移动、中国联通、中国电信的国际卡都可以漫游到泰国，详情请咨询各运营商，也可以在泰国租借当地的手机使用。或者在泰国购买SIM卡。从网络运营商那里购买SIM卡，会附赠一个绑定的手机号，激活SIM卡，再用预支的电话卡购买分钟数。泰国国内通话价格在每分钟1泰铢~2泰铢，国际长途的价格在每分钟5泰铢~9泰铢，手机短信一般每条3泰铢。

网络

泰国大部分城镇有网吧和咖啡厅可提供网络服务，视网速不同收取不同的费用，价格一般很合理。不过，某些酒店的网络服务往往比较昂贵。除此之外，曼谷的许多酒店、咖啡厅和购物中心都设有无线网络。

保险

旅行保险是在本国或者国际旅行中能够提供一种为支付医疗费用和财务（如退还预先支付的资金）或其他损失的保险业务。针对旅行中可能发生的各种意外，一般皆可获得保险公司理赔。即使你身体健康，也最好在出行前购买医疗保险。保险公司会提供不同的保险套餐，购买时请注意条款细则，可以要求增加潜水、摩托车驾驶、攀岩等冒险活动的保险范围。

泰国驻上海领事馆

上海市威海路567号晶采世纪大厦15层

021 6288 3030

泰国驻广州领事馆

广州市海珠区友和路36号

020 8385 8988

人身安全

虽然泰国治安良好，但仍有几点需要注意：

- 入夜后，关好酒店房间的门窗。
- 在火车、公交车等公共交通工具上，不要接受陌生人的食物或饮料。
- 泰国旅游局曼谷总部（0 2694 1222）或旅游警察局都可以提供紧急援助，受理有关旅游服务和旅游产品的投诉。这些部门的接线人员均会说英语。

- 下海游泳时（特别是在普吉岛西部海滩附近海域），要随时注意海面上的红色警示旗，不要靠近警示旗所在的位置。
- 泰国境内每年都有游客因骑租的摩托车在狭窄崎岖的山路上行驶而不慎丧命，因此，骑车时建议佩戴安全头盔。

其他

在泰国，在乘坐公共交通工具如公交车、出租车、游船等，或处于候车室、餐厅、商场或酒店大厅、图书馆、美容院时，都是禁止抽烟的。违反法规、在上述场所吸烟的人将被处以2 000泰铢的罚款。所有政府部门都被列为严格禁烟区，办公楼内也不再设立吸烟室。

携带儿童出游

在泰国，你可以带着自己的孩子尽享泰国旅游的乐趣。泰国的海滩大都很浅，适合游泳初学者，也是孩子尽情玩耍的乐园。清迈的骑大象、撑竹筏和其他户外活动很受孩子们的喜爱。在泰国的很多景点都能看到野生动物，非常适合儿童。

优惠信息

虽然泰国大部分景点没有优惠票价，但还是建议随身携带国际学生卡。有些旅行社还有专门针对儿童的优惠。

如果你想查询相关的旅行优惠信息，可以上网查看以下几个网站：

国际旅行信息网站www.itisnet.com可以为你提供最新的旅行省钱小妙招。

公共信息查询网站www.dmoz.org/Recreation/Travel为背包客提供各种实用信息，并且设有留言板可供大家在线交流。

对于首次去泰国游览的游客来说，www.wikitravel.org上有大量的实用信息可供查询。

泰国驻厦门领事馆

福建省厦门市虎园路16号厦门宾馆3层

0 592 202 7980

泰国驻西安领事馆

陕西省西安市曲江新区雁南三路钻石半岛11号

0 29 8931 2831

附录

健康

泰国气候高温湿热，有很多中国人并不熟知的疾病。在享受旅行快乐的同时，也要合理安排游玩时间，避免过度劳累，保证身体不出现异常状况。

泰国曼谷的医院医疗条件较好，服务水准也较高，有些还会提供中文翻译服务，但治疗费用相对较高，建议购买综合医疗保险，或确认你购买的旅行保险中包含医疗保险。旅途中若出现严重的健康问题，请及时联系大使馆和保险公司。

牙科服务 曼谷拥有最完善的牙科医疗服务。你可以在酒店前台查询所在地区的牙医诊所地址和有资质的牙医姓名。此外，你投保的保险公司也可以为你提供牙科诊所的信息。

天气 尽量避免在正午前后出门，因为在阳光下曝晒可能会引起脱水和腹泻等问题。出行时，最好戴遮阳帽，并遮盖暴露在外面的皮肤，同时保证饮水量。

药品 泰国当地的药店内有售各种处方药和非处方药，其中包括泰国本土品牌的药品和国际品牌的药品，并且价格低廉。大部分城镇药店的药剂师都接受过良好的培训，并且可以用英语和客人交流。

饮水安全 不要饮用自来水，因为自来水中可能会携带肝炎或伤寒病菌。建议尽量饮用瓶装水。瓶装水的价格较低，而且到处都可以买到。一瓶300毫升的饮料，一般6泰铢～10泰铢。

常备药物清单

抗菌药膏	腹泻药	退烧药
创可贴	晕车晕船药	驱蚊、驱虫药
感冒药	抗过敏药	防晒霜

厕所

大部分泰国酒店都为住客提供西式的冲水马桶和厕纸。在某些餐厅或娱乐设施中，可能会遇到蹲式厕所或没有厕纸的情况。请一定要将厕纸扔在垃圾桶内，以防堵塞马桶。

海关

某些由稀有或濒危物种制成的野生动物纪念品可能会被归为禁止携带入关的非法物品，或需要特殊许可才能携带入境。请详细了解本国的海关规定后再购买。

泰国驻昆明领事馆

云南省昆明市东风东路52号昆明饭店南1楼

0871 316 8916/314 9296

泰国驻成都领事馆

四川省成都市航空路6号丰德国际广场3号楼12层

028 6689 7861

实用短语

泰语

泰语是一门十分复杂的语言，其书面语文字构成十分繁复，由80多个手写字母组成。泰语的口语共有5个声调（中、高、低、升和降），用于区分词语的含义。虽然泰语并不好学，但是掌握一些简单用语将有助于拉近与当地人之间的距离，尤其是在讨价还价时格外有效。不过，在主要的旅游区域内，大部分泰国人会使用英文与游客进行日常的交流与互动。注意，以下泰语词汇和短语都是根据泰语的发音尽可能地音译过来的，因此这些文字在路标、地图和菜单上可能会以不同的形式出现。

打招呼和常见用语

是的 Chai 或 krup/ka
不 Mai
谢谢 Korb-koon (krup/ka)
你好/再见 Sawat dee (krup/ka)/laa gorn
你好吗？ Sabai dee ru?
很好，谢谢。 Sabai dee (krup/ka)
不好意思/抱歉 Kor tort (krup/ka)
你叫什么名字？ Khun chu arai?
我叫…… Pom chu...（男性）/chun chu...（女性）
你会说英语吗？ Koon poot pah sah Angrit?
我听不懂 Pom (chun) mai kowjai
我只会说一点泰语 Pom (chun) puut pasa Thai nitnoy
回头见 Pop gan mai

紧急用语

救命！ Chuay dooay!
着火了！ Fai mai!
打电话报警！ Reeuk dtum roout hai noy!
打电话叫救护车! Reeuk rot payahbahn hai noy!
我需要一个医生 Tong haa mor
我需要一个牙医 Tong haa mor fun
医院 Rong payabarn

问路

你要去哪里？ Pai nai?
我要去…… Jai pai...
……怎么走？ ...yu thii nai?
我们想要去…… ...rao yahk bpai
我怎么去……？ Bpai...yung ngai?
到那里要花多长时间？ Chai way-lah tao-rai?
请慢点开车 Prot put cha cha
右转 Lieo khwa
左转 Lieo sai
直走 Trong pai
在这里停车 Jop tinni

交通工具和地点

空调巴士 Rot tooa
普通巴士 Rot tammada
巴士停靠站 Sattani rot may
迷你巴士 Rot dtoo
小轿车 Rot keng
车票 Tua
时间表 Talang waylar
火车站 Sattani rot fai
火车 Rot fai
特快列车 Duan
卧铺列车 Rot nawn
座位 Tee nung
机场 Sanam bin
飞机 Krueng bin
小船 Rua
长尾船 Rua harng yao
渡轮 Rua doy sarn
渡轮码头 Tha Teksi
出租车 Taxi
银行 Tanakaan
沙滩 Hat
自行车 Rot jakrayan
大使馆 Sa-tantoot
市场 Talad

摩托车 Rot motorsai
博物馆 Pipitapun
警察局 Satanee tamruat
邮局 Prai-sanee
街道 Thanon
小镇 Meung
村庄 Baan

酒店与餐厅

你们有空房吗? Mee horng wahng mai?
带空调的客房 Horng air
小旅馆 Guest how
酒店 Rong raem
钥匙 Goon jair
淋浴 Fuk boo-a
游泳池 Sa wai nahm
厕所/浴室 Hong nahm
请帮我找一张两人桌 Kor dto sum-rup sorng kon
请给我一份菜单 Kor doo menu
我可以点……吗? Kor...?
食物很美味 Ahan arroi
请结账 Kor check bin
餐厅 Raan aahaan
咖啡厅 Raan garfay
早餐 Ahan chow
辣的 Pet
淡味的 Mai pet
我不能吃…… Kin...mai dai
我是素食者 Kin jeh
水 Nam
一杯水 Nam plao
瓶装水 Naam quart nueng bai
茶 Chaa
咖啡 Cafee
牛肉 Neua
鸡肉 Gai
鸭肉 Phet
鱼肉 Pla
猪肉 Moo

购物

这个多少钱？ Nee taorai?
你有没有……？ Mee...mai?
便宜的 Tuk
很好/不好 Dee mak/Mai dee
太贵了 Paeng pai
太大了 Yai pair
太小了 Lek pai
一点点 Nid noi
夜市 Talaat toh rung

时间与日期

今天 Wan nee
明天 Proong nee
昨天 Meua wan nee
现在 Diao nee
稍后 Tee lang
本周 Atit ni
下周 Atit na
分钟 Na tee
小时 Chua mong
周一 Wan jun
周二 Wan ungkahn
周三 Wan poot
周四 Wan paruhadt
周五 Wan sook
周六 Wan sao
周日 Wan aathit

特殊用语

海湾 Ao
村庄或房子 Ban
佛教或庙宇 Bot
青瓷 Celadon
省 Changwat
佛塔 Chedi
山峰 Doi

外国人 Farang
印度神话中鹰头人身的金翅鸟 Garuda
长尾船 Hang yoa
海滩 Hat
石头 Hin
山 Khao
运河 Khlong
岛屿 Koh
海岬 Laem
一种佛塔 Mahathat
另一种佛塔 Mondop
金属工艺品 Nielloware
高棉庙宇中的中心塔 Prang
小巷 Soi
载人出租货车 Songthaew
道路 Thanon
佛塔的别称 That
佛教寺院中的正殿 Viharn
王宫 Wang
庙宇 Wat

数字

0 soon
1 neeung
2 sorng
3 sahm
4 see
5 hah
6 hok
7 jet
8 bpairt
9 gao
10 sip
11 sip-et
12 sip-sorng
13 sip-sahm
14 sip-see
15 sip-hah
16 sip-hok
17 sip-jet
18 sip-bpairt
19 sip-gao
20 yee-sip
21 yee-sip-et
30 sahm-sip
40 see-sip
50 hah-sip
60 hok-sip
70 jet-sip
80 bpairt-sip
90 gao-sip
100 neung roy
101 roy-et
500 hah roy

地名检索

L

M

N

O

P

Q

附录

注意事项

显示愤怒

只有在极少数情况下，特别是饮酒之后，自控能力极好的泰国人才会变得情绪不稳定。如果晚上被不太熟悉的人邀约，只需要说你刚刚喝过酒，就可以礼貌地拒绝对方。如果你开始感到暴躁，请保持冷静。切记，别去刺激正在气头上的泰国人。

侮辱国王

泰国国王普密蓬·阿杜德声称，即使是他，也并不完美。然而，即使是游客，冒犯了君主的话，也会面临被起诉的威胁。2009 年，澳大利亚作家 Harry Nicolaides 被判入狱 3 年，因为他在书里诽谤了皇储。他在泰国的监狱待了 6 个月，直到国王私下赦免了他。

毒品

在泰国，贩卖毒品会被处以死刑，但是，你想接触到一些毒品也不是不可能，比如说，声名狼藉的帕岸岛满月派对。要当心：即使是少量的大麻，也可以送你进监狱。

从不规范的中介租车

许多度假村不需要合约就可以提供汽车和摩托的租用服务，但是却要求扣押你的护照。不规范的中介通常会把坏掉的车辆租出去，并在游客还车的时候收取费用。如果车或者其他你租用的交通工具被偷了，你就有义务去赔偿包括备份钥匙在内的所有损失。租车时，切记要通读合约，否则看起来很合理的交易会以你的大量的金钱损失而告终。

走私

有游客的地方，就潜伏有走私贩。他们在光天化日之下贩卖各种东西：宝石、免费观光游等。作为不成文的规定，他们会在游客周围行动，而不愿意在街上搭话。如果你被一个当地人接近，你很有可能成为一个骗局的目标了。

前往最南边

北大年、也拉和陶公是泰国最南边的 3 个省，也是穆斯林人口占大多数的区域。这片地区几乎每天都会发生冲突，旅行者最好避免前往这片区域。

10个再来的理由

1 **度假胜地** 天然的海滩、独特的宗教文化以及迷人的山地丛林美景，让泰国成为全世界人心驰神往的旅游胜地。

2 **美食** 泰国菜以酸、辣、咸、甜、苦五味平衡为特点，这也充分彰显了泰国文化的精髓——和谐自然。各式泰国美食绝对会给你意想不到的味蕾冲击。

3 **千佛之国** 泰国林立的庙宇不仅是人们朝圣的场所，也成为游客浏览的必选之地，其令人惊叹的建筑风格和华美辉煌的装饰吸引着无数游客趋之若鹜。

4 **微笑** 泰国人民友好的微笑让人印象深刻，仿佛人世间没有烦恼。

5 **购物天堂** 无论是货色、价格，还是舶来精品或是土特产，泰国各色商品物美价廉，各具特色。

6 **泰式按摩** 闻名全球的泰式按摩绝对是不容错过的享受，遍地的按摩店，可以随时缓解旅途的疲惫。

7 **潜水** 泰国拥有蔚蓝的大海和广阔的沙滩，迷人的海景吸引了成千上万的游客，是闻名世界的潜水天堂。

8 **大象骑行** 大象在泰国文化中享有很高地位，是力量与优雅的象征。骑着大象穿越丛林，不失为一种惊险有趣的体验。

9 **人妖秀** 人妖表演是去泰国旅游的必看节目，泰国最好的人妖表演是芭堤雅的蒂芬妮人妖秀。

10 **水上市场** 水上市场就是在水上做买卖的市场。清早，一条条载有蔬菜、水果的小船在狭窄的水道里穿梭往来，船上现做现卖的小吃香飘四溢。游客也可乘着小船穿梭在水上，体验别样的泰式风情。

图片来源

DUMONT Bilddatenbank/Christian Heeb: P6（上）、P7（上）、P7（中）、P8（上）、P8（中）、P8（下）、P9（上）、P10（上）、P10（中）、P11（上）、P11（下）、P12（上）、P12（下）、P13（上）、P13（下）、P16、P17、P20、P21、P22、P25、P36、P37、P42（上）、P42（下）、P44、P45、P56、P60、P62/63、P70、P77、P90、P94/95、P98、P102、P103、P119（上）、P119（下）、P120、P123、P127、P145、P150、P151、P152、P160、P170、P171、P174、P174/175、P196、P200、P201、P202、P203、P204、P206、P207、P213、P225

AA/R Strange: P26（上）、P43、P66、P68、P93、P100、P116、P199、P212

AA/J Holmes: P26（下）、P28/29、P35、P38、P61（上）、P61（下）、P71、P74、P76、P78、P80、P91、P166、P168、P173、P176、P177、P215

AA/D Henley: P24、P27、P30/31、P31（上）、P34（左）、P34（右）、P57、P58、P64/65、P65（上）、P67、P73、P75、P95（上）、P96、P97、P101、P104、P107、P108、P117、P118、P120、P125、P129、P130、P136、P138、P146、P147、P148、P149、P153、P154、P155、P157、P158、P159、P169、P172、P178（下）、P178（上）、P179、P180、P181、P183、P186、P198、P208/209、P211、P216、P230（上）、P230（下）、P231

AA/B Davies: P131

www.123rf.net

本图书是由北京出版集团有限责任公司依据与京版梅尔杜蒙（北京）文化传媒有限公司协议授权出版。

This book is published by Beijing Publishing Group Co. Ltd. (BPG) under the arrangement with BPG MAIRDUMONT Media Ltd. (BPG MD).

京版梅尔杜蒙（北京）文化传媒有限公司是由中方出版单位北京出版集团有限责任公司与德方出版单位梅尔杜蒙国际控股有限公司共同设立的中外合资公司。公司致力于成为最好的旅游内容提供者，在中国市场开展了图书出版、数字信息服务和线下服务三大业务。

BPG MD is a joint venture established by Chinese publisher BPG and German publisher MAIRDUMONT GmbH & Co. KG. The company aims to be the best travel content provider in China and creates book publications, digital information and offline services for the Chinese market.

北京出版集团有限责任公司是北京市属最大的综合性出版机构，前身为 1948 年成立的北平大众书店。经过数十年的发展，北京出版集团现已发展成为拥有多家专业出版社、杂志社和十余家子公司的大型国有文化企业。

Beijing Publishing Group Co. Ltd. is the largest municipal publishing house in Beijing, established in 1948, formerly known as Beijing Public Bookstore. After decades of development, BPG has now developed a number of book and magazine publishing houses and holds more than 10 subsidiaries of state-owned cultural enterprises.

德国梅尔杜蒙国际控股有限公司成立于 1948 年，致力于旅游信息服务业。这一家族式出版企业始终坚持关注新世界及文化的发现和探索。作为欧洲旅游信息服务的市场领导者，梅尔杜蒙公司提供丰富的旅游指南、地图、旅游门户网站、App 应用程序以及其他相关旅游服务；拥有 Marco Polo、DUMONT、 Baedeker 等诸多市场领先的旅游信息品牌。

MAIRDUMONT GmbH & Co. KG was founded in 1948 in Germany with the passion for travelling. Discovering the world and exploring new countries and cultures has since been the focus of the still family owned publishing group. As the market leader in Europe for travel information it offers a large portfolio of travel guides, maps, travel and mobility portals, apps as well as other touristic services. It's market leading travel information brands include Marco Polo, DUMONT, and Baedeker.